Ullstein

Willy Breinholst

Ja – nein – natürlich, Liebling!

Mit Illustrationen von
Aage Nielsen

Ullstein

ein Ullstein Buch
Nr. 24048
im Verlag Ullstein GmbH,
Frankfurt/M–Berlin
Titel der Originalausgabe:
Yes, Darling! No, Darling!
Of Course, Darling!

Deutsche Erstausgabe

Umschlagentwurf:
Hansbernd Lindemann
Illustration:
Silvia Christoph

Printed in Germany 1996
Gesamtherstellung:
Ebner Ulm
ISBN 3 548 24048 8

November 1996
Gedruckt auf alterungs-
beständigem Papier mit
chlorfrei gebleichtem Zellstoff

Vom selben Autor
in der Reihe
der Ullstein Bücher:

Bitte 3 x lächeln täglich (23011)
Liebe – find ich gut! (23168)
Schenk der Welt ein Lächeln (23310)
Wie wär's denn mit Humor (23449)
Hallo – schalten Sie mal ab (23581)
Ein kleines Lächeln verschönt
den Tag (23658)
Rutsch zur Seite, Liebling . . ./»Sie
wohnen aber schön hier!« (23683)
Herrlich verrückt – oder? (23766)
Kiss your wife/Schenk der Welt ein
Lächeln (23807)
Männer taugen zu nichts! (62843)
Die perfekte Ehe (62859)
Hilfe, meine Frau versteht mich!
(23916)
Ich werde es nie lernen, die Frauen zu
verstehen/Die byzantinische Madonna
(24092)

Die Deutsche Bibliothek –
CIP-Einheitsaufnahme

Breinholst, Willy:
Ja–nein–natürlich, Liebling! / Willy
Breinholst. – Dt. Erstausg. –
Frankfurt/M ; Berlin : Ullstein, 1996
(Ullstein-Buch ; Nr. 24048)
ISBN 3-548-24048-8
NE: GT

Inhalt

»Kann einer sagen, was er will, aber Sophia Maccazoni ist wirklich eine tolle Frau!«

Wir leben in einem freien Land. Jeder Bürger in einem demokratischen Staat darf zu allem seine Meinung haben und sie frei äußern. Jedoch mit gewissen Einschränkungen. Beispielsweise habe ich festgestellt, daß man nicht seine Ansichten über Sophia Maccazonis Qualitäten darlegen darf.

Ich sehe gern Filme mit Sophia Maccazoni. Auch Mariane hat nichts dagegen, da ihre Filme in der Regel von Liebesintrigen handeln, und das sieht Mariane gern. Aber sie kann es nicht vertragen, daß man hinterher auch nur die kleinste Bemerkung über die weibliche Hauptrolle der Sophia Maccazoni fallenläßt.

»Kann einer sagen, was er will«, begann ich, »aber Sophia Maccazoni ist wirklich eine tolle Frau!«

»Ach die . . .«

»Na ja, ich meine bloß . . . seit Jahren haben wir so viele langweilige Damen im Film gesehen, aber Sophia hat etwas Besonderes an sich . . . so etwas Üppiges, Vitales, Großartiges . . . sie strahlt echte Weiblichkeit aus . . . ja, ich weiß nicht richtig, wie ich mich ausdrükken soll . . .«

»Das macht mir nichts aus.«

»Was?«

»Daß du das nicht weißt.«

»Was nicht weiß?«

»Wie du das ausdrücken sollst. Ich habe dich nicht um eine Erklärung gebeten.«

»Um Gottes willen! Ich habe doch nichts mit Sophia Maccazoni. Ich finde nur, sie ist eine attraktive Frau.«

»Letzten Endes hat sie nur das, was tausend andere Frauen verzweifelt beim Schönheitschirurgen loszuwerden versuchen und wofür sie einen Haufen Geld bezahlen. Im übrigen hat sie viel zu grobe Züge, einen zu großen Mund, zu große Füße und . . .«

»Ich muß zugeben, daß ich meine Aufmerksamkeit nicht gerade auf ihre Füße gerichtet habe.«

»Wonach hast du dann geguckt?«

Marianes Stimme bekam diesen speziellen säuerlichen Tonfall, der selten Gutes verheißt.

»Na ja, nichts Bestimmtes. Ich meine bloß . . . der Gesamteindruck, nicht übel . . . verglichen mit all den anderen Puppen vom Film.«

»Wenn du dich für so eine plumpe, große Maschine begeistern kannst, hättest du eben so eine heiraten sollen.«

»Aber, liebes Kind, hör doch mal . . .«

»Aber es ist ja noch nicht zu spät . . . bitte, wenn du mich überhast . . .«

»Das ist doch Unsinn . . .«

»Du würdest mich wohl gern gegen so eine fette italienische Spaghettifigur tauschen, nicht wahr?«

»Niemals! Ich will gern zugeben, daß sie ein bißchen zu groß ist.«

»Sie ist einen halben Kopf größer als du.«

»Und mit ihren Füßen. Das stimmt sicher auch. Mir ist aufgefallen, daß der Regisseur sie gern hinter einem Möbelstück stehen läßt, damit ihre Füße nicht so ins Blickfeld geraten, nur ihre Beine und Knie und . . .«

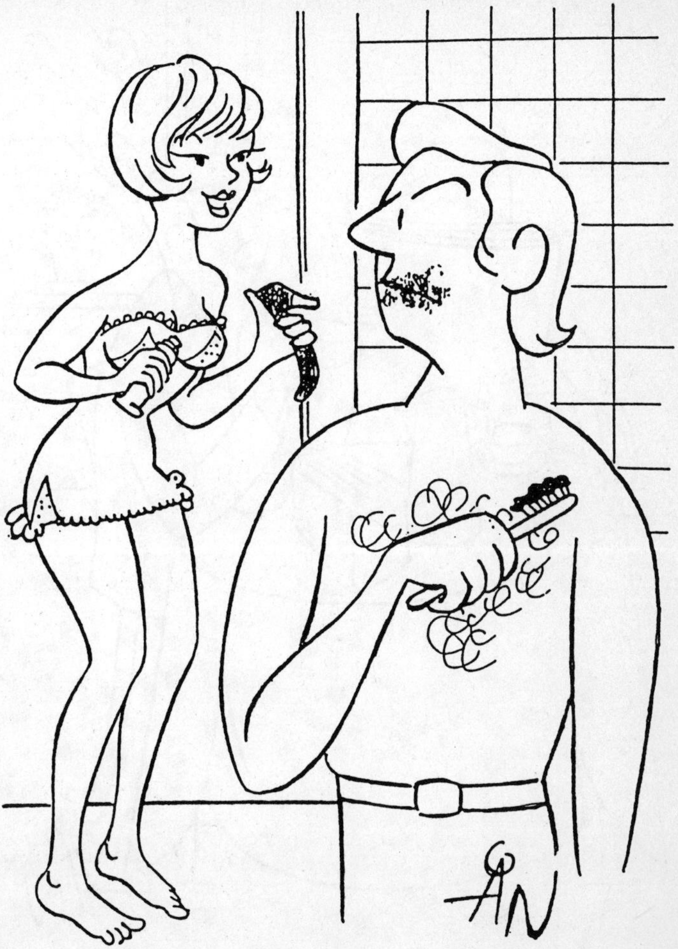

»Habe ich zufällig meine Schuhcreme hier liegenlassen?«

»Schenkst du mir bitte noch eine halbe Tasse Kaffee ein?«

»An denen ist auch nichts dran.«

»Und ihr Mund ... wohl auch zu gewaltig für das Gesicht.«

»Ja, allerdings.

»Und wenn ich nun ihr Gesicht so vor mir sehe, finde ich auch, sie hat zu grobe Züge ...«

»Und große dumme Kuhaugen.«

»Je mehr ich überlege ...«

»Und der Busen ... wie überdimensionale Vanillepuddinge!«

Ich nickte ergeben. »Sehr treffend ausgedrückt«, lächelte ich. Mariane hatte völlig vergessen, daß vor weniger als einer Minute das Wort Scheidung drohend in der Luft gehangen hatte, nach fünfzehn glücklichen Ehejahren.

»In zehn Jahren ist sie eine unförmige Matrone«, fuhr Mariane fort.

»Du hast sicher recht.«

»Ich wette, ihre Zähne sind nicht echt.«

»Darüber habe ich noch gar nicht nachgedacht, aber wo du es nun sagst ... und ihre Haare sind wohl auch falsch?«

»Natürlich, und aufgepustet zu einem Nichts, alles Luft.«

»Und ihre Arme sind eigentlich unnatürlich lang.«

»Ja«, nickte Mariane eifrig, »und zu dick.«

»Ich habe einmal gelesen, daß sie verführerische Grübchen in den Knien hat. Sicher alles Quatsch, nur ein Reklametrick.«

»Natürlich«, fiel Mariane schnell ein, »sie hat häßliche, knochige Knie.«

»Puha«, schüttelte ich mich schaudernd.

»Und sicher neigt sie zu Krampfadern ...«

»Sicher ...«, und wieder erschauderte ich, »ich begreife nicht, wie ich noch eben von dieser blöden italienischen Gans schwärmen konnte.«

Mariane kuschelte sich an meine Seite, als ich den Wagen in die Garage fuhr.

»Nein, nicht?« flüsterte sie selig, und wiederum hatte sie eine Schlacht gegen ihre schlimmste Rivalin gewonnen!

»Parfümierte Briefe? Ich kann mir nicht vorstellen, daß mir jemand parfümierte Briefe schickt!«

Ich kann es nicht ausstehen, wenn Mariane in meiner Post schnüffelt. Ausgerechnet dann, wenn sich zwischen meinen Geschäftsbriefen ein weißer Umschlag ohne Absenderangabe und mit handgeschriebener Adresse befindet, erweist sie sich als besonders neugierig. Als ob sie mich irgendwelcher Liebschaften in der Stadt verdächtigte, die mir kurze Nachrichten schicken, daß ich heute abend kommen könne, denn heute abend sei die Luft rein.

Als ich vor kurzem von einer geschäftlichen Besprechung nach Hause kam, lag die Tagespost auf meinem Schreibtisch. Darunter ein weißer Umschlag ohne Absender. Als ich den Brief aufschlitzen wollte, fiel mir auf, daß die Klebestellen so merkwürdig uneben aussahen, als sei der Umschlag unter Dampf geöffnet und wieder zugeklebt worden. Ansonsten befand sich nichts weiter darin als eine Quittung des Grundeigentümerverbandes.

Ich saß und überlegte, wie ich dem völlig unbegründeten ewigen Mißtrauen meiner Frau begegnen könnte, und nach einer Phase langen, gründlichen und intensiven Nachdenkens glaubte ich, die Lösung gefunden zu haben. Ich nahm ein weißes Blatt Papier und schrieb mit großen Buchstaben: »Ha! Damit hast Du 100 Kronen verloren! Offenbar hast Du ausreichend Haushaltsgeld zur Verfügung – daher ist der Etat ab sofort um 100 Kronen im Monat gekürzt. Dein ewig treuer Ehemann!« Worauf ich den Bogen zusammenfaltete, ihn in einen besonders luxuriösen Umschlag steckte, mit verstellter Schrift darauf meinen Namen und die Adresse schrieb, den Umschlag mit einer schräg in die rechte obere Ecke geklebten Briefmarke frankierte und mich in Marianes Schlafzimmer begab, wo ich von ihrem Frisiertisch zwei, drei Fläschchen französischen Parfüms nahm und mit jedem den Umschlag kräftig bestäubte. Es stank meilenweit, als ich den Umschlag in den Briefkasten warf.

Als Mariane mir am nächsten Vormittag die Post in mein Arbeitszimmer brachte, hielt sie mit allen Zeichen von Abscheu den Brief weit ausgestreckt von sich.

»Sag mal«, fragte sie, »wer schickt dir denn parfümierte Briefe?«

»Parfümierte Briefe?« wiederholte ich. »Ich kann mir nicht vorstellen, daß mir jemand parfümierte Briefe schickt!«

»Dann riech mal«, meinte sie nur und hielt mir den Brief direkt unter die Nase.

»Ich rieche nichts«, log ich, wobei ich es sorgfältig vermied, ihrem Blick zu begegnen.

»Nichts?« war ihre Antwort. »Dann wird es wohl Zeit für dich, zum Arzt zu gehen, denn dann kann dein Geruchssinn nicht in Ordnung sein!«

»Jetzt gib mir schon den Brief. Du siehst doch, ich bin beschäftigt.«

»Wenn du wirklich so beschäftigt bist, kann ich ihn ja für dich öffnen.«

Ich erhob mich. »Gib mir jetzt den Brief. Ich sage dir, es ist nichts Besonderes.«

»Du weißt also, von wem der Brief ist?«

»Ich weiß nur, daß mein Name darauf steht, und

»Du hast 1,96 an der Kasse zurückbekommen. Die verschwinden doch wohl nicht in deiner eigenen Tasche?«

»Aber bitte die Einladung an Tante Olga nicht allzu herzlich schreiben – dann riskieren wir bloß, daß sie kommt . . .!«

Briefe mit meinem Namen öffne ich, und du öffnest die Briefe, die an dich adressiert sind. Gib also den Brief her, und laß den Unsinn!«

Sie gab den Brief nicht her. Dunkle Wolken zogen über ihr Gesicht und drohten, sich dort festzusetzen. »Du hast also Geheimnisse vor mir!« sagte sie, und etwas in ihrer Stimme sagte mir, daß ein ernstes Unwetter aufzog. Dann kam es schneidend kalt: »Wie lange kennst du sie schon, und wer ist sie?«

Anscheind meinte sie es ernst.

»Also gut«, sagte ich. »Du meinst, der Brief ist von einer Frau. Ich meine, er ist *nicht* von einer Frau. Ich mache dir einen Vorschlag. Gibst du mir hundert Kronen, wenn ich dir erlaube, den Brief zu öffnen?«

»Hundert Kronen? Wie meinst du das?«

»Ich meine, wenn der Brief von einer Frau ist, gebe ich dir hundert Kronen. Ist er nicht von einer Frau, gibst du mir hundert Kronen!«

»So ein Quatsch!« war ihre Reaktion, worauf sie blitzschnell den Umschlag öffnete. Schnell las sie den Inhalt des Briefes. Einen Moment stand sie da, als wüßte sie nicht, ob sie lachen oder weinen sollte. Sie wählte eine dritte Möglichkeit, warf mir den Brief ins Gesicht und verschwand so schnell, wie sie gekommen war.

Seitdem habe ich nie mehr Ärger gehabt mit meiner Post. Sie hält die Briefe nicht mehr ans Licht, um eine Röntgenaufnahme des Inhalts zu machen, und außerdem muß zu ihren Gunsten gesagt werden, daß sie nicht vergaß, ihre Schulden zu bezahlen. Schon am nächsten Tag lag ein Hundertkronenschein auf meinem Schreibtisch.

Nach einiger Zeit erhielt sie einen Brief. Hellrosa Umschlag mit dem Absender: »Marlon Brando, z. Zt. Hotel Palace.«

Ich flitzte zu ihr in die Küche hinaus.

»Gibst du mir hundert Kronen, wenn du den Brief öffnen darfst?« fragte sie sofort.

»Ha!« meinte ich. »Nein, danke, darauf falle ich nicht herein. Was du und Marlon Brando miteinander habt, geht mich nichts an!«

Worauf ich ihr den Rücken zuwandte und ging.

Später las ich in der Zeitung, daß der amerikanische Filmstar Marlon Brando gerade zu einem kurzen Aufenthalt in Kopenhagen eingetroffen war. Das gab mir dann doch zu denken. Er stand ja schon immer in dem Ruf, ein Frauenheld zu sein. Und man konnte ja nie wissen. Was sollte ich tun? Ich ging in die Küche, um ihr die hundert Kronen zu geben, und erhielt den Schock meines Lebens. An eine Tasse gelehnt, erblickte ich einen Fetzen Papier mit den hastig hingekritzelten Worten: *»Ich fahre mit Marlon nach Hollywood! Leb wohl, Mariane.«* Davor lag der ungeöffnete hellrosa Brief.

Blitzschnell öffnete ich ihn. *»Komm heute abend«*, las ich, *»Dein M.«*

Mein Leben war zerstört, meine ganze Welt zusammengebrochen. Bewegungslos stand ich immer noch auf der gleichen Stelle, als die Tür aufging und Mariane mit einem gefüllten Einkaufsnetz hereinkam. Sie war im Supermarkt gewesen. Als erstes steckte sie den Hundertkronenschein ein.

Es sind jetzt drei Tage vergangen. Ich zittere immer noch am ganzen Körper.

Wie kann sich ein Mensch nur derart gegenüber einem ihm nahestehenden Menschen verhalten?

»Morgengymnastik ist eigentlich viel spannender, als ich dachte . . .«

»Willst du etwa behaupten, du hast den ganzen Tag gebraucht, nur um diesen Fisch zu fangen?«

»Ich bin jetzt fertig! Nein, warte noch einen Moment. Die Schuhe drücken. Ich ziehe mir lieber ein anderes Paar an . . .«

Wir wollten ins Theater, und ich war schon fast eine halbe Stunde auf dem alten Hamadan-Läufer im Flur hin und her gelaufen und hatte mit Engelsgeduld darauf gewartet, daß Mariane endlich fertig würde. Nichts kann mich mehr ärgern als Frauen, die nicht rechtzeitig mit dem Anziehen fertig werden können, ich hatte aber gelernt, mich zu beherrschen. Inzwischen hatte ich ja eine fast fünfundzwanzigjährige Erfahrung darin zu warten, immer wieder zu warten, bis man vor lauter Wut schreien könnte. Doch wie gesagt . . . ich beherrschte mich, paffte an meiner Zigarre und beherrschte mich. Endlich hörte ich die Tür vom Schlafzimmer, und Mariane zeigte sich auf der Treppe.

»Ich bin jetzt fertig!« gab sie bekannt.

Ich nahm meinen Hut und öffnete die Haustür.

»Nein, warte noch einen Moment«, sagte sie. »Die Schuhe drücken. Ich ziehe mir lieber ein anderes Paar an.«

Sie verschwand wieder die Treppe hoch, und ich setzte geduldig meine Wanderung über den handgeknüpften persischen Läufer fort.

»So, jetzt bin ich wirklich fertig. Wir können losfahren.«

Wir gingen hinaus auf die Treppe. Ich schloß die Tür

und prüfte noch einmal am Griff, ob auch wirklich abgeschlossen war.

»Meine Handschuhe! Ich habe meine Handschuhe vergessen.«

Ich fischte den Sicherheitsschlüssel wieder hervor, öffnete, und sie verschwand. Es begann zu regnen. Ich ging ebenfalls zurück ins Haus und zerschliß weiter den alten Hamadan.

»Fertig!«

Sie zog sich die schwarzen Netzhandschuhe an, während sie die Treppe herunterlief.

»Nein, warte!« rief sie und hielt mir ihren Daumen unter die Nase. Er war durch den Netzhandschuh gedrungen und sah jetzt nackt und unbekleidet aus. »Ich muß die anderen anziehen, mit diesen kann ich mich nicht sehen lassen. Schaffe ich das noch?«

Ich blickte auf die Uhr.

»Ja, wir haben noch jede Menge Zeit«, nickte ich. »Berge von Zeit. Wir haben noch nie so viel Zeit gehabt wie heute abend.«

»Spar dir deinen Sarkasmus. Was kann ich denn dafür, daß . . .«

Sie war wieder außer Hörweite. Geduldig trabte ich siebzehnmal auf dem Läufer hin und her, dann erschien sie wieder.

»Wir brauchen bald einen neuen Läufer für den Flur«, sagte ich. »Dieser hat schon ziemlich gelitten.«

Wir schafften es bis zur Garage, ich öffnete das Tor und machte Licht.

»Meine Brille! Ich habe meine Brille nicht mit! Ohne Brille sehe ich vom zweiten Rang aus gar nichts.«

Im Laufschritt verschwand sie Richtung Haustür.

Einen Augenblick später war sie zurück, immer noch im Laufschritt.

»Den Schlüssel!« sagte sie. »Gib mir mal deinen Haustürschlüssel.«

Sie erhielt den Schlüssel und lief wieder zur Haustür, worauf ich mich ins Auto setzte, den Zigarrenstummel in den Aschenbecher warf und mir eine neue Zigarre anzündete.

»Fertig! Jetzt müssen wir aber wirklich los. Glaubst du, daß wir es noch schaffen?«

»Wir haben noch viel Zeit.«

Ich startete den Wagen. Sie fing an, in ihrem kleinen silberbesetzten Täschchen zu wühlen.

»Dein Lippenstift«, stellte ich tonlos fest. »Du hast deinen Lippenstift vergessen.«

»Ja«, nickte sie schuldbewußt. »Jedenfalls kann ich ihn nicht finden.«

»Hol ihn!« sagte ich nur und gab ihr wieder den Schlüssel.

Vier Minuten und siebenunddreißig Sekunden später fiel sie außer Atem wieder in das Polster.

»Er lag in dem anderen Täschchen ... weißt du, in dem kleinen französischen. Es ist mir ein Rätsel, wie er dort hingekommen ist. Entschuldige bitte, daß es so lange gedauert hat, aber ich wußte nicht mehr, wo ich es hingestellt hatte ... das französische Täschchen.«

»Können wir fahren?«

»Ja, natürlich. Nichts wie los. Hast du die Karten?«

Ich nickte und fuhr den Wagen rückwärts aus der Garage. Mariane warf einen letzten Blick aufs Haus.

»Das Fenster im Schlafzimmer! Ich habe vergessen, es zu schließen! Wenn es weiter so regnet, werde ich wohl besser ...«

Schon war sie aus dem Auto raus. Bevor die Dunkelheit sie verschluckte, sah ich gerade noch, daß sie ihre Ohrclips abnahm. Ich wartete fünf Minuten – sechs Minuten – sieben Minuten und dreiundvierzig Sekunden. Dann war sie wieder da.

»Jetzt müssen wir aber los. Puuh-ha . . . mir ist ganz heiß geworden von der Lauferei, aber jetzt . . . Himmel! Ich habe meine Handtasche drinnen stehenlassen! Schaffe ich es noch, sie zu holen?«

Ich nickte entgegenkommend.

»Ja, Liebling, natürlich schaffst du es. Wie gesagt, wir haben noch jede Menge Zeit.«

»Jede Menge Zeit? Was heißt das, jede Menge Zeit?«

Leicht verwirrt blickte sie mich an. Die Vorstellung begann in zwei Minuten, und wir benötigten mindestens eine halbe Stunde, um zum Theater zu kommen. Ich gab ihr die Karten.

»Wie gesagt«, wiederholte ich. »Endlich einmal haben wir jede Menge Zeit! Guck dir mal die Eintrittskarten an und was darauf steht!«

Sie sah die Karten an. »Donnerstag, 20 Uhr . . . aber heute haben wir doch . . . oh, du bist unausstehlich! *Heute ist Mittwoch!*«

»Ja«, nickte ich. »Zum ersten Mal, seit wir verheiratet sind, haben wir genug Zeit, wenn wir zu einer bestimmten Uhrzeit irgendwo sein müssen!«

Den Rest der Geschichte können wir übergehen. Nur noch eine kurze Bemerkung an meine männlichen Leser, die selbst eine Frau haben, an der sie meine zwar lebensgefährliche, aber äußerst effektive Methode ausprobieren möchten. Selbstverständlich explodiert das Weibsbild und versucht, einem die Augen auszukratzen. Wenn man sich aber wie ein Igel zusammenkrümmt und

»Wieso magst du das nicht? Und dabei stand im Rezept: Servieren Sie das Ihrem Mann zu ganz besonderen Anlässen!«

»Was wir gerade tun, Mami? Oh, nichts Besonderes, wir machen es uns heute abend zu Hause gemütlich!«

die Schläge einfach einsteckt, die auf einen niederprasseln, dann hat man gute Chancen, diesen Ausbruch ohne größere Schäden zu überstehen. Es geht nur darum, alles einzustecken, bis der Anfall vorbei ist. Und dann muß man sich natürlich damit abfinden, daß das zutiefst gekränkte Eheweib mindestens vierzehn Tage lang kein einziges Wort mit einem spricht.

Jeder mag dann für sich selbst entscheiden, ob das eine Strafe oder eine Wohltat ist.

»Wo ich deiner Oma das erste Mal begegnet bin? Das will ich dir gerne erzählen, mein lieber Junge!«

Ohne mich selbst loben oder überschätzen zu wollen, möchte ich dennoch gern von mir selbst behaupten, daß ich ein guter, liebenswürdiger und umgänglicher Mensch bin, ein treuer Ehemann und ein liebevoller Vater und Großvater. Alles in allem ein durch und durch netter und ordentlicher Mensch. Dafür kann ich mehrere vertrauenswürdige Zeugen benennen. Es können Jahre vergehen, bevor zwischen Mariane und mir ein böses Wort fällt, ja, es ist sogar schon so lange her, seit wir eine kleine Meinungsverschiedenheit hatten, daß ich mich an den Anlaß überhaupt nicht mehr erinnern kann.

Eigentlich könnte man daher jeden Eid schwören, daß in einem so harmonischen Heim wie dem unseren eine solche Situation gar nicht entstehen könnte, deren Höhepunkt es war, daß ein flacher Teller in gerader Luftlinie abgefeuert wurde, der mit solcher Kraft meinen Nacken traf, daß das teure Stück Porzellan der Marke »Sächsische Blume« von der Königlichen Porzellanfabrik in tausend Stücke zersprang, die wie Granatsplitter in alle Richtungen flogen. Man könnte beschwören, daß sich Mariane niemals eines derartig gewaltsamen Vorgehens schuldig machen würde, aber dennoch – neulich abends, als sie sich draußen in ihrer Wunschkü-

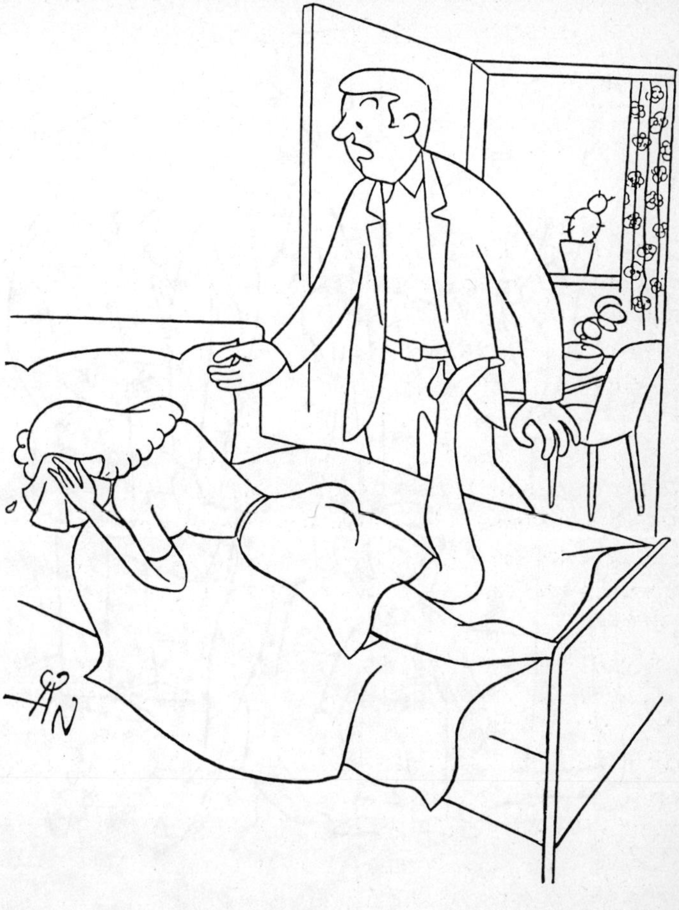

»Ja, ja, ich weiß, ich sollte nicht immer von Muttis Essen reden. Schließlich war das Beste daran wohl, daß ich es gratis kriegte!«

»Hier ist unsere Telefonnummer! Um acht Uhr kannst du ihn das erste Mal ins Bett legen und dann alle halbe Stunde wieder!«

che mitten im Abwasch befand und dabei meiner Stimme lauschte, die durch die offene Tür des Wohnzimmers zu ihr hinausdrang, hatte ich das Pech, eine so unglückliche Bemerkung fallenzulassen, daß sie impulsiv besagten Teller abfeuerte! »Gong!« sagte es und tat sehr weh!

Es begann damit, daß der kleine Jakob auf meinen Schoß kletterte.

»Opa«, fragte er, »wenn plötzlich die Königin käme, würdest du dann ›du‹ zu ihr sagen?«

»Nein, mein Junge.«

»Aber zu Oma sagst du doch auch ›du‹.«

»Das ist auch etwas anderes.«

»Hast du Oma schon immer geduzt?«

»Nein, nicht immer.«

»Wie hast du sie eigentlich gekriegt?«

»Oma gekriegt?« wiederholte ich und nahm einen kräftigen Zug an der Abendzigarre. »Wie meinst du das, mein Junge?«

»Jaaa . . . wo hast du sie gefunden?«

»Was heißt gefunden! Ich traf sie eines Tages.«

»Aber weißt du denn gar nicht mehr, wo du sie das erste Mal getroffen hast?«

»Doch, natürlich weiß ich das.«

Ich drehte mich halb im Sessel herum und warf einen Blick zu Mariane in die Küche. Sie trocknete gerade eine Sauciere ab und sandte mir ein wohlwollendes Lächeln als Zeichen für ihr Einverständnis, daß ich dem kleinen Jakob von unserer ersten Begegnung erzählte. Frauen sind ja sehr romantisch und lieben es, solche Dinge immer wieder aufgefrischt und nochmals erzählt zu kriegen.

»Wo ich deiner Oma das erste Mal begegnet bin?« begann ich mit einer Lautstärke, die gerade ausreichend war, daß jedes Wort in der Küche verstanden werden konnte. »Das will ich dir gerne erzählen, mein lieber Junge. Als ob ich jemals diesen Tag vergessen könnte! Es war ein wunderschöner, lauer Sommerabend vor langer, langer Zeit. Den ganzen Abend hatte ich mich in meiner Einsamkeit herumgetrieben, ich war im Kino gewesen, um irgendeinen blöden Film zu sehen, ich glaube, es ging um Cowboys und so weiter, das kennst du ja. Und als ich dann wieder hinausging in den lauen Sommerabend, sagte ich zu mir selbst: ›Heute abend‹, sagte ich, ›heute abend gehst du in den Vergnügungspark, ins Tivoli. Du mußt dich mal amüsieren und vergessen, wie einsam du in dieser Welt bist.‹ Und genau das tat ich dann. Die ganze Umgebung dort in dem schönen alten Vergnügungspark, die bunten Lampen, die Musik von den Tribünen, die vielen jungen Menschen Arm in Arm, die angestrahlten Springbrunnen, alles zusammen versetzte mich in eine merkwürdige Stimmung. Ich fühlte geradezu, daß an diesem Abend etwas Wunderbares geschehen würde, etwas, wovon ich mein ganzes bisheriges Leben lang geträumt und wonach ich mich gesehnt hatte. Ich schaute mir den Betrieb bei den Auto-Scootern an und ließ mich in der Menge der vielen fröhlichen Leute treiben, ohne richtig zu wissen, was ich eigentlich unternehmen wollte. Damals gab es ja noch keine Spielhallen mit einarmigen Banditen und Telespielen und solchen Sachen. Ich fühlte mich merkwürdig rastlos, aber plötzlich flüsterte mir eine Stimme von ganz innen zu: ›Du solltest mal eine Fahrt mit dem Riesenrad machen!‹ Also gut, ich folgte meiner inneren Stimme . . . und daß ich das tat, habe ich niemals bereut. Ich ging also hinüber und setzte mich in eine der Gon-

»Ich gebe euch gern das Rezept, wenn meine Frau nicht die Dosen weggeschmissen hat!«

»Natürlich könnten wir sparsamer als jetzt leben. Zum Beispiel könntest du weniger rauchen ... Hallo, bist du überhaupt noch da?«

deln des Riesenrads, und als sich das große Rad in Bewegung setzte, die Erde langsam unter uns verschwand und wir hoch über dem bunten Treiben schwebten, hoch oben in der blauen Abendluft, erblickte ich plötzlich eine junge Dame, die mir in der Gondel gegenübersaß. Wir waren allein in der Gondel, sie und ich, und es geschah das Wunderbare, daß sie mir plötzlich zulächelte. Ich erwiderte natürlich ihr Lächeln, wir spürten beide, daß uns das Schicksal zusammengeführt hatte und ... nein, Moment mal! Das war ja gar nicht deine Oma damals an diesem lauen Sommerabend im Riesenrad! Es war Charlotte ... meine Jugendflamme Charlotte Lind! Jetzt weiß ich es wieder, als wäre es gestern gewesen! Deiner Oma bin ich natürlich nicht im Riesenrad begegnet, sondern ... ja, laß mich mal überlegen, wo war es denn nun eigentlich, wo ich deiner Oma das erste Mal begegnet bin?«

Ich schwieg einen Augenblick, um nachzudenken – und dann kam auch schon der Teller durch die Luft gerauscht! Wenn ich mich heute im Nacken jucke, spüre ich immer noch die Narbe.

»Ich kann kein Wort lesen. Warum müssen Ärzte auch immer so unleserlich schreiben? Oder ist es am Ende Arabisch?«

Ministerialdirektoren, Brigadegenerale, königliche Hofschauspieler, geschäftsführende Direktoren, Rektoren, Fernsehproduzenten, Bürgermeister, Abgeordnete, Landräte und Repräsentanten der medizinischen Wissenschaft, das sind alles Menschen, die kraft ihrer Position, ihrer messerscharfen Intelligenz und ihres hohen Bildungsstandes jedem Familienfest in einem gutbürgerlichen Heim Glanzlichter aufsetzen können. Leider umfaßte unser Bekanntenkreis nur sehr wenige Mitglieder dieser hochgestellten Kreise, ja, es war sogar so, daß nur Onkel Karl aus Düllhausen überhaupt in deren Nähe gerückt war. Er war praktischer Arzt. Kassenarzt, aber jedenfalls Arzt. Und da er dafür bekannt war, auf Gesellschaften besonders unterhaltsam zu sein, schickten wir ihm natürlich eine Einladung. Wir baten ihn, unserem Fest seinen Glanz aufzusetzen. Der Anlaß war Marianes Geburtstag, und da es ein runder Geburtstag war, ein sehr runder sogar, lag es ja nahe, ihn auch einzuladen, obwohl wir schon recht lange keinen gesellschaftlichen Umgang mit dem Herrn und der Frau Doktor aus Düllhausen mehr gehabt hatten.

Es vergingen ein paar Tage, dann traf eine Antwort ein. Er hatte sich kurz gefaßt, offensichtlich war er sehr beschäftigt gewesen. Er hatte einfach einige Zeilen auf seinen Rezeptblock gekritzelt.

»Na?« fragte Mariane gespannt, als ich den Text überflog. »Kommen sie?«

»Ich weiß es nicht«, antwortete ich und legte das Rezept auf den Tisch.

»Ja, aber dann lies doch! Er hat vermutlich geschrieben, damit wir es lesen sollen, oder?«

»Ich habe es gerade gelesen. Sogar dreimal.«

»Dann mußt du es ja wissen, ob sie kommen oder nicht!«

»Nein.«

»Warum nicht?«

»Weil ich nicht eine einzige Silbe seiner verkrüppelten Krakelei entziffern kann.«

Mariane ergriff das Rezept und überflog das Geschriebene. Sie drehte und wendete es, legte den Kopf mal zur einen, mal zur anderen Seite, kniff die Augen zusammen, riß sie wieder weit auf, las es einmal mit und einmal ohne Brille. Dann schüttelte sie resignierend den Kopf.

»Na?« fragte ich. »Kommen sie?«

»Du hast recht. Es ist unmöglich. Ich kann kein Wort lesen. Warum müssen Ärzte auch immer so unleserlich schreiben? Oder ist es am Ende Arabisch?«

Da war vielleicht etwas dran. Ich holte eine Lupe und studierte den Text. Minuziös betrachtete ich jedes Wort.

»Was kommt dabei heraus?«

»Entweder ist es Griechisch oder Latein . . . oder, Moment mal, diese Kringel da könnten auch hebräische Schrift sein. Wo hat Onkel Karl denn bloß Hebräisch gelernt? In der Schule hat er sich in Fremdsprachen doch nie besonders hervorgetan.«

»Laß mich mal.«

Ich überließ Mariane das Rezept und die Lupe. Auch sie kam damit nicht weiter. Ich versuchte eine gute alte Methode, indem ich mit beiden Händen eine Art Röhre bildete, ein Auge schloß und mit dem anderen Auge angestrengt durch die Röhre blickte. Messerscharf zeichneten sich die Buchstaben auf dem Papier ab, aber ich konnte beim besten Willen keinen Zusammenhang entdecken.

»Aber irgendwie müssen wir doch herauskriegen, ob sie nun kommen oder nicht. Ich kann ja keine Tischordnung machen, bevor ich nicht weiß, wie viele kommen. Weißt du jemanden, der die Schrift eines Arztes lesen kann?«

»In der Apotheke müßte es gehen. Die machen das ja den ganzen Tag.«

Das war ein guter Gedanke. Ich steckte Onkel Karls Rezept ein, sprang in den Wagen und eilte zur nächsten Apotheke.

Einer freundlichen Apothekenhelferin reichte ich das Rezept und fragte: »Können Sie mir bitte sagen, was hier steht?«

»Einen Augenblick bitte«, antwortete sie und verschwand mit dem Rezept. Nach einigen Minuten erschien sie mit einer großen Flasche Paraffinölemulsion wieder. Auf dem Etikett stand: »3 × tgl. 1 Eßl.«

»Das macht 9,50«, sagte die Apothekenhelferin.

»Sind Sie sicher, daß das auf dem Rezept steht?« fragte ich leicht verwirrt.

»Wir lesen niemals falsch«, war die spitze Antwort. »Es handelt sich wohl um Dickdarmkatarrh oder ein anderes Dickdarmleiden, oder?«

»Nein, sehen Sie, die Sache ist die, daß . . . meine Frau . . . daß mein Onkel . . .«

»Eigentlich müßte ich im Supermarkt einkaufen, aber ich habe keinen Groschen mehr. Entweder ist mein Haushaltsbudget im Eimer, oder diese Woche hat ungewöhnlich viele Tage!«

»Kannst du mich übrigens nachher daran erinnern, daß ich noch Lorbeerblätter für unsere Schweinshaxen kaufen muß?«

Ich gab's auf. Es würde zu kompliziert werden, der weißbekleideten Dame den wahren Sachverhalt darzustellen. In der Apotheke liest man nicht falsch. Basta.

Also nahm ich die Flasche mit Paraffinölemulsion und fuhr nach Hause.

Die Tage vergingen, und dann hatte Mariane Geburtstag. Für Onkel Karl aus Düllhausen hatten wir keinen Platz vorgesehen. Wenn Leute sich nicht die Mühe machten, so zu schreiben, daß man es auch lesen kann, müssen sie sich eben damit abfinden, notfalls in der Küche zu essen, wenn sie kommen.

Sie kamen, als wir bei der Suppe saßen.

»Habt ihr meinen Brief nicht erhalten?« fragte Onkel Karl erstaunt, als ihm aufging, daß weder für ihn noch für die Frau Doktor gedeckt war.

»Doch«, sagte ich und holte die Flasche mit Paraffinölemulsion. »Und hier siehst du, was dabei herauskam!«

Am liebsten hätte ich ihm das ganze klebrige, geronnene Zeugs in den Hals gekippt, aber wer sollte dann unserem Fest den Glanz aufsetzen?

»Ich mag Dich nicht mehr
und habe Dich für immer verlassen.
Ich fahre mit Deinem besten Freund
nach Südamerika . . .«

Wenn Mariane nachmittags zum Bridge geht, wenn sie eine ihrer lieben alten Tanten besucht oder zum Friseur muß, finde ich in der Küche immer einen Zettel an eine Flasche gelehnt, woraus hervorgeht, wo sie hingegangen ist, wann sie wieder nach Hause kommt und wo ich das Essen finde. Ich gebe gerne zu, daß ich den Zettel selten lese, da der Inhalt im großen und ganzen immer der gleiche ist, und ich weiß, daß sich das Essen entweder in einem Topf auf dem Herd oder im Kühlschrank befindet. In der Regel werfe ich mich daher direkt über die Fleischtöpfe und lasse den Zettel Zettel sein – bisher hatte das auch keine besonderen Folgen.

Als ich kürzlich nach Hause kam, sah ich zwar gleich den Zettel auf dem Küchentisch, ließ ihn aber ungelesen liegen und hob den Deckel vom Topf. Es gab aufgewärmte Erbsensuppe, mein Leibgericht, wodurch ich den Zettel endgültig vergaß. Das hätte ich lieber nicht tun sollen, denn gerade an diesem Tag stand etwas ganz Besonderes darauf:

»Ich mag Dich nicht mehr und habe Dich für immer verlassen. Ich fahre mit Deinem besten Freund nach Südamerika. Leb wohl. Mariane«

»Unser wöchentlicher ›Spartopf‹. Nach dem Rezept sollte der drei Tage für zwei Personen reichen, also genau richtig, denn ich kriege bestimmt nichts davon runter!«

»Tja, ich bin ja immer noch Junggeselle. Und du? Hast du inzwischen Haus und Hof und Frau und Kinder?«

Ein gutes Beispiel dafür, wie schnell das Leben dramatisch werden kann. – Was es aber in diesem Fall dennoch nicht wurde, da ich, wie gesagt, den Zettel übersah und statt dessen meine ganze Aufmerksamkeit der Erbsensuppe und dem Speck widmete.

Ich konsumierte die erlaubten drei Portionen, spülte mit einem Schluck Bier nach und erhob mich, um Wasser für eine Tasse Kaffee aufzusetzen. Ich räume ein, daß ich den dunklen Plan hegte, den Kaffee von einem Cognac begleiten zu lassen. (Und der wäre wohl auch nötig gewesen, wenn ich gewußt hätte, daß meine Ehefrau mit meinem besten Freund nach Südamerika abgehauen war. Nun, ich wußte es nicht, hatte aber trotzdem das Gefühl, daß ein kleiner Cognac mir guttun würde.)

Ich stellte also den Kessel auf den Herd und ging schnell in den Keller, um die Flasche zu holen. Ich wollte es möglichst überstanden und alle Spuren getilgt haben, bevor Mariane nach Hause kam.

Ich hatte gerade die Flasche in der Hand, als ich die Türklingel hörte. Ich ging öffnen.

Es war Frau Larsen, die Nachbarin.

»Ist Ihre Frau zu Hause?« fragte sie.

Hätte ich die Wahrheit gekannt, hätte ich ihr erzählen können, daß meine Frau mich für immer verlassen hatte und mit meinem besten Freund nach Südamerika gefahren war, und dann hätte Frau Larsen etwas zum Tratschen gehabt.

Da ich die Wahrheit aber nicht kannte, sagte ich nur: »Nein, sie ist zum Friseur oder vielleicht auch zu ihrer Tante gefahren.«

»Na ja, das macht nichts, ich wollte nur die Wäscheleine zurückbringen. Grüßen Sie Ihre Frau und sagen Sie vielen Dank!«

Ich nahm die Wäscheleine entgegen, und Frau Larsen zog sich zurück. In diesem Moment schellte das Telefon. Ich warf die Wäscheleine in die Ecke, ging hin und hob den Hörer ab.

»Ich bin es nur, Thomasen«, klang es aus der Muschel. »Erna hat mir erlaubt, morgen auf die Jagd zu gehen. Ich dachte, ich sage dir Bescheid, falls du Lust hast mitzukommen. Morgen geht ja die Hasenjagd wieder los, und ich nehme Bier und Schnaps mit. Wir können uns einen schönen Tag machen.«

Das war ein gutes Angebot. Man muß schon stark unter dem Pantoffel stehen, wenn man bei einer solchen Einladung nicht auf der Stelle zusagt.

Ich sagte daher sofort zu.

»Wenn Mariane mir einen freien Tag bewilligt«, fügte ich der Ordnung halber hinzu.

»Das wird schon klappen«, meinte Thomasen. »Vergiß aber nicht, das Gewehr mitzunehmen. Nicht so wie letztes Jahr . . . da hattest du Bier und Schnaps mit, aber das Gewehr, das . . .«

Er hatte recht, das war schon peinlich gewesen.

»Ich gehe jetzt sofort hinein und hole das Gewehr von der Wand!« sagte ich.

Ich legte den Hörer auf und griff mir mein Schießeisen. Plötzlich roch ich Gas. Als ich den Cognac aus dem Keller holen wollte, hatte ich in der Eile vergessen, das Gas anzuzünden.

Ich ging in die Küche, um es nachzuholen, aber in diesem Augenblick hörte ich jemanden kommen. Ich nahm die Wäscheleine aus der Ecke (Mariane mag es nicht, wenn etwas herumliegt), und mit dieser und mit meinem Gewehr bewaffnet, begab ich mich in den Flur.

»Ich hab's eilig. Ich fand in meiner Handtasche einen 100-Mark-Schein, von dem ich gar nichts mehr wußte!«

»Doch, ich allein könnte schon davon leben, was du verdienst, aber doch nicht wir beide!«

Es war Mariane. Sie sah das Gewehr, schrie auf und warf sich hysterisch schluchzend an meine Brust.

»Es war doch nur ein Spaß«, rief sie. »Ich habe es nur getan, weil ich wissen wollte, ob du überhaupt meine kleinen Zettel liest, die ich dir immer schreibe. Ich konnte ja nicht wissen, daß du dich aus lauter Gram gleich erschießen . . .«

Sie erblickte die Wäscheschnur.

»Du hast ja versucht, dich zu erhängen!« rief sie schreckensbleich.

Sie roch das Gas.

»O nein! Auch das noch!« schrie sie und klammerte sich an mich. »O Liebster! Liebster! Liebster!«

Was sollte ich machen? Ich stand da und guckte dumm aus der Wäsche.

Die ganze Episode brachte mich derart durcheinander, daß ich am nächsten Tag für die Hasenjagd mit Thomasen meine Angelausrüstung einpackte.

»Könntest du bitte mal schnell zum Eisenwarenhändler gehen und mir so ein Ding besorgen . . .«

Ich saß an meiner Schreibmaschine, als Mariane hereinkam. In der Hand hielt sie einen merkwürdigen kleinen Metallgegenstand, der anscheinend kaputt war.

»Könntest du bitte mal schnell zum Eisenwarenhändler gehen und mir so ein Ding besorgen?« bat sie. »Es ist für den Fleischwolf. Weißt du . . . da ist doch dieser komische, längliche Apparatismus mit Gewinde, der an die Tischplatte geschraubt wird, und dazu gehört dieses Ding. Ich habe es zu fest angeschraubt, und jetzt ist es kaputt.«

»Kaputt?«

»Ja, in der Mitte durchgebrochen. Und wenn du schon mal da bist, kannst du auch noch so ein kleines Teil mitbringen, womit man das Fenster festhaken kann. Ich kann das Küchenfenster nie öffnen, weil dieser kleine Apparat, mit dem man das Fenster festhakt, beim letzten starken Sturm zerbrochen ist. Außerdem ist es bescheuert, daß wir die Küchentür nicht abschließen können, ohne jedesmal den Schlüssel von der Eingangstür zu holen. Dieser kleine Nippel, den man verschieben muß, funktioniert nicht, weil dieses Dingsbums, das am Türrahmen befestigt wird und in das der Nippel hineingeschoben werden muß, nicht mehr da ist. Bring doch einen neuen mit, wenn du sowieso hingehst . . .«

Sicherheitshalber ging ich in die Küche, um mir selbst einen Eindruck davon zu verschaffen, welche Dingsbumse ich holen sollte. Es gab dann natürlich noch ein paar Kleinigkeiten, die Mariane benötigte. Unter anderem einen Korkenzieher, weil ich vor kurzem den alten demoliert hatte, als ich versuchte, eine Dose legierte Schildkrötensuppe für sie zu öffnen.

Als sie mir zum zweiten Male alles erklärt hatte, um sicherzugehen, daß ich auch alles genauestens verstanden hatte, zog ich los. Im Eisenwarenladen wühlte ich in meinen Taschen, um das kleine Metalldingelchen für den Fleischwolf zu finden, aber leider hatte ich es zu Hause liegenlassen.

»Na, nun habe ich es vergessen . . . aber ich brauche ein kleines Dingelchen, wissen Sie, für einen gewöhnlichen Fleischwolf. Also . . . man schraubt einen runden, metallischen, länglichen kleinen Heini mit Gewinde . . . wissen Sie . . . den schraubt man an die Tischplatte, um den Fleischwolf zu befestigen, aber dann sitzt dort so ein kleines rundes Kerlchen, na, so ein kleines . . . wie soll ich sagen, ein kleines Dingsbums . . . das muß etwas nachgeben, damit . . .«

»Eine federnde Unterlegscheibe für einen Gewindezapfen mit Flügelkopf?«

»Darf ich so etwas mal sehen?«

Aus der Schublade kramte der Verkäufer ein kleines, rundes Ding hervor und zeigte es mir.

»Ja, genau«, sagte ich. »So sieht es aus. Und dann brauche ich noch so ein Teil, wissen Sie, für ein Küchenfenster. Wo das Küchenfenster drin eingehakt wird, damit es nicht die ganze Zeit hin- und herklappert. Das ist so ein kleines Ding mit . . .«

»Ein Sturmhaken?«

»Können Sie mir einen zeigen?«

Der Verkäufer zeigte mir einen Sturmhaken. Genau so etwas wollte ich haben.

»Danke«, sagte ich. »Jetzt brauche ich noch ein Schloß für die Küchentür, das heißt, kein richtiges Schloß. Es ist so ein kleiner Apparatismus, wissen Sie, wo die ganze Mechanik in so ein Loch geschoben wird, das am Türrahmen befestigt ist . . .«

»Einen Schubriegel?«

»Ja, so heißt es wohl. Kann ich mal einen sehen?«

Der Verkäufer holte einen Schubriegel. Das war es, was ich besorgen sollte.

»Sonst noch etwas, mein Herr?«

»Ja, ich hätte gern noch ein . . . na ja, ich weiß nicht so ganz genau, wie es richtig heißt, aber es ist so ein kleines Dingenot, das auf ein Vorsatzfenster gesetzt wird, und wenn man dann den Griff nach oben drückt, kann man das Fenster öffnen.«

»Einen Vorreiber?« Er suchte einen Vorreiber hervor und hielt ihn mir vor die Nase.

»Nee, nee«, sagte ich schnell. »So sieht das nicht aus. Nein, es ist wie ein kleiner Griff . . . mit einem Dingelchen, das dann einrastet und das Fenster verschließt und . . .«

Aus seinen unergründlichen Schubladen fischte der Verkäufer eine andere Einrichtung hervor.

»So etwas vielleicht? Einen Basküleverschluß?«

»Genau! Und jetzt brauche ich nur noch einen Dippedut, womit man mit einem Finger das Fenster schließen kann . . . man setzt ihn dann auf dieses Dingsbums, das Sie mir eben gegeben haben, na . . . wie heißt es denn noch? Dieses da!«

»Auf den Sturmhaken?«

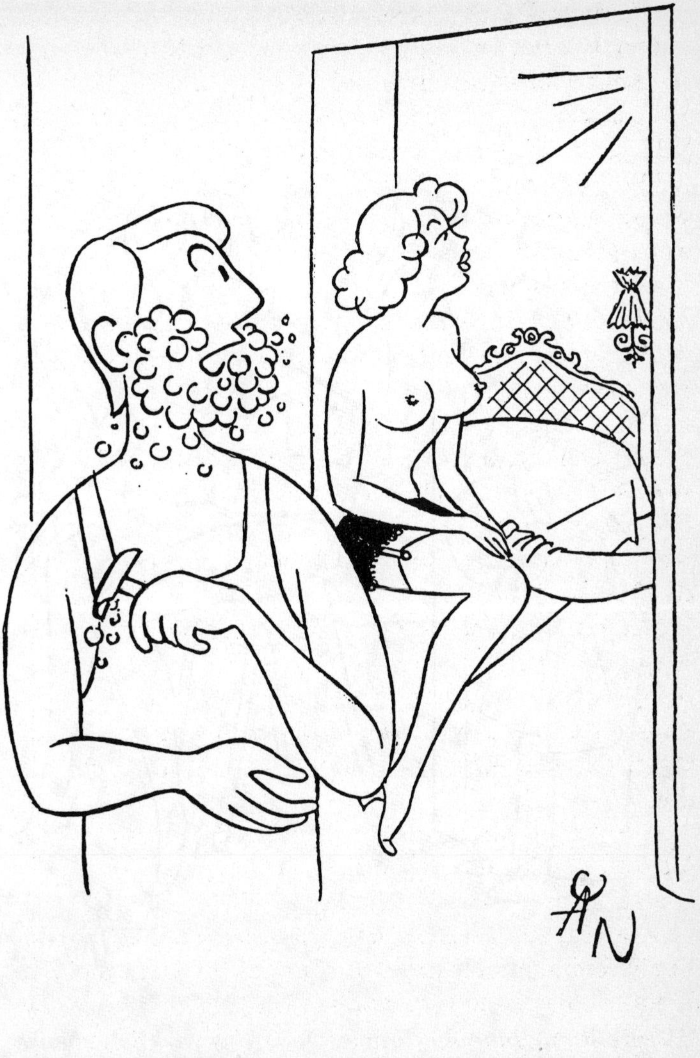

»Das ist wohl der Postbote – ich rasiere mich gerade – kannst du nicht eben aufmachen?«

»Verzeih mir bitte die Frage: Dauert es wirklich ebenso lange wie der ganze Abwasch, bis dein Nagellack trocken ist?«

»Ja, und hierfür brauche ich diesen Dippedut, um ihn auf diesen Dingenot zu setzen, wenn das Fenster geschlossen ist.«

»Eine Anwerfhaspe!«

Er zeigte mir eine.

»Richtig!« sagte ich. »Das war, glaube ich, alles.« Ich erhielt die Rechnung, bezahlte und ging. Ich fuhr zusammen, als ich später die Rechnung hervorkramte, um zu kontrollieren, ob sie mit den gekauften Sachen übereinstimmte. Es stand geschrieben: Nota: 1 Dingsbums 5,75 ... 1 Apparatismus 7,50 ... 1 kleiner Heini mit Gewinde 4,50 ... 1 Dippedut 3,60 ... 1 Mechanik-Loch 5,90!

»Meine Frau ist verschwunden«, sagte ich außer Atem. »Ich habe schon überall nach ihr gesucht, aber . . .«

Was würden Sie tun, wenn Sie mitten in der Nacht aufwachten und feststellten, daß das Bett ihrer Frau leer ist? Daß sie ganz einfach verschwunden ist, spurlos. Als guter Ehemann würden Sie natürlich eine Vermißtenanzeige erstatten, oder? Genau das habe ich nämlich getan, als meine Frau verschwand. Allerdings mit dem Ergebnis, daß ich beschlossen habe, niemals mehr in einer solchen Situation etwas zu unternehmen, und wenn sie noch so lange verschwunden ist.

Es war in unserem Ferienhaus. Genau um 2.05 Uhr erwachte ich und spürte, daß ich Hunger hatte. Ich stieg vorsichtig aus dem Bett, um in die Küche zu schleichen und im Kühlschrank nachzusehen, welche Schätze er noch barg. Plötzlich fiel mir etwas an Marianes Bett auf. Es wirkte merkwürdig unbewohnt. Schnell riß ich die Decke weg. Das Bett war leer. Leer wie das Sparschwein in meiner Kindheit. Seltsam. Normalerweise war ihr Bett nachts um 2.05 Uhr nicht leer. Also begab ich mich auf die Suche nach meiner Frau.

Im Badezimmer war sie nicht, auch nicht im Wohnzimmer, nicht in der Küche und nicht im Gästezimmer, ebensowenig wie in der Garage oder im Bootshaus oder gar im Müllsack. In den Brunnen konnte sie auch nicht gefallen sein, da wir keinen solchen hatten. Ich rief ihren

Namen, erhielt aber keine Antwort. Darauf ging ich an den Strand. Niemand zu sehen. Ich kriegte einen gewaltigen Schrecken, als ich plötzlich im Sand ihren Kimonogürtel entdeckte. Das Meer sah dunkel und feindlich aus. Hatte es sich meine Frau geholt? Ein wilder und törichter Gedanke. Aber bei einem Ehemann, der letztendlich im tiefsten Innern seine Frau gern hat, melden sich wilde und törichte Gedanken, wenn er feststellt, daß sie nachts um 2.05 Uhr spurlos verschwunden ist. Könnte sie im Schlaf gewandelt sein? Hinaus in die Wellen? Und erst wieder zu sich gekommen sein, als es schon zu spät war? Wieder rief ich ihren Namen. Am öden Sandstrand lief ich hin und her und wußte mir keinen Rat.

Lähmendes Entsetzen befiel mich, als ich entdeckte, daß unser kleines Boot mit Außenbordmotor verschwunden war. War sie etwa damit hinausgefahren, hatte sie vielleicht jetzt einen Motorschaden? Und was in aller Welt hatte sie zu dieser nächtlichen Zeit auf dem Meer zu suchen? War sie womöglich in eine Alkoholschmuggelaffäre verwickelt? War ihr Bett dann *jede* Nacht um 2.05 Uhr leer? Ich hatte ja selten Gelegenheit, ihr Tun und Lassen während der Nacht zu kontrollieren, denn zu dieser Tageszeit schlafe ich in der Regel am besten. Ich stand vor einem Problem, das ich nicht allein lösen konnte. Es mußte etwas unternommen werden.

Ich lief zum Haus zurück und rief die nächste Polizeiwache an. »Meine Frau ist verschwunden«, sagte ich außer Atem. »Ich habe schon überall nach ihr gesucht, aber . . .«

»Wie lange ist sie schon verschwunden?« unterbrach mich der Polizist.

Ich erklärte es ihm. Er schien nicht sonderlich interessiert zu sein. Aber das würde er schon noch werden. »Am Strand fand ich einen Kimonogürtel, und unser Boot ist auch weg. Es hat ein Leck, und den Motor habe ich selbst aus einem alten Rasenmähermotor zusammengeschustert . . .«

»Ich sage der Wasserschutzpolizei Bescheid. Die fahren dann raus und sehen sich nach ihr um. Wie ist Ihre Anschrift?«

Ich gab sie ihm, bedankte mich und legte den Hörer auf.

»Mit wem in aller Welt telefonierst du denn mitten in der Nacht?«

Ich fuhr herum. Es war Mariane. Sie kam mit einer Scheibe Brot in der Hand aus der Küche. »Wo zum Kukkuck bist du denn gewesen?« rief ich aus.

»Ich konnte nicht schlafen, da ging ich etwas an den Strand und guckte mir den Mond und die Sterne an . . . aber wie siehst du denn aus! Ist etwas passiert?«

»Etwas passiert?! In diesem Augenblick sucht die Wasserschutzpolizei mit Schleppnetzen nach dir! Ich glaubte, du hättest Motorschaden und wärst aufs Meer hinausgetrieben worden. Das Boot ist nicht da und . . .«

Mariane kniff die Augen zusammen und betrachtete mich eingehend. »Bist du sicher, daß du richtig wach bist? Das Boot ist in keinster Weise verschwunden. Svendsen von nebenan hat es gestern ausgeliehen, er wollte auf Aalfang gehen. Das Boot bringt er morgen zurück.«

Einige Sekunden lang ließ ich mir die ganze Sache durch den Kopf gehen. »Ich mache mich lächerlich, wenn ich jetzt die Polizei anrufe und ihnen sage, daß du bloß spazieren warst. Und wir müssen dann auch noch die Kosten für die Suche bezahlen. Es bleibt uns nichts

»Du triffst ihn, du triffst ihn nicht, du triffst ihn, du triffst ihn nicht, du liebst mich, du liebst mich nicht, du . . .«

»Ich habe es satt, mir das jeden Abend angucken zu müssen – dann fang meinetwegen wieder zu rauchen an!«

anderes übrig, sie müssen dich finden . . . auf dem Wasser. Ich hole das Boot, du fährst raus und fingierst einen Motorschaden. Sie finden dich dann und bringen dich wieder an Land . . . und wir brauchen nichts zu bezahlen!«

Trotz Marianes lautem Protest lief ich am Strand entlang bis zu Svendsens Ferienhaus, ein paar Kilometer weiter. Schnell ließ ich das Boot zu Wasser, startete den Motor und tuckerte heimwärts . . . bis plötzlich der Motor streikte. Ich riß an der Startschnur. Nichts. Kein Benzin. Von der Strömung wurde ich langsam hinausgetrieben. Morgens um 5.22 Uhr fand mich die Polizei. Weit draußen, bei schwerem Seegang. Das Boot war voll Wasser und drohte zu sinken. Ich war total entkräftet, nachdem ich mindestens fünftausend Büchsen Wasser aus diesem elenden Kahn geschöpft hatte. Als mich die Polizei an Bord gehievt hatte, verlangten sie meinen Namen und meine Anschrift.

Der Polizist sah mich verständnislos an. »Waren Sie es nicht, der heute nacht seine Frau als vermißt gemeldet hatte?«

»Nein«, antwortete ich in einem ebenso tapferen wie dreisten Versuch, die Situation zu retten. »Das muß ein Mißverständnis sein. Sie war es, die mich als vermißt meldete.«

»Wenn meine Frau gelbe Erbsen kocht, dann bleibt nichts zu wünschen übrig, das kann ich Ihnen flüstern!«

Unser Nachbar Martens ist jeden Sommer einen oder anderthalb Monate Strohwitwer. Er schickt Frau und Kinder aufs Land zu den Schwiegereltern, und dann muß er allein zu Hause zurechtkommen. Er macht sich selbst das Frühstück, haut sich mittags irgendwas in die Pfanne und schmiert sich abends seine Stullen. Wenn ich recht verstehe, lebt er den ganzen Sommer von Joghurt, Spiegelei und Dosengemüse. Daß er das mag! Aber andererseits – was tut man nicht alles, um eine Dame wie Frau Martens für einen Monat loszuwerden. Als ich eines Tages von einer geschäftlichen Besprechung nach Hause kam, sah ich ihn an der Ligusterhecke stehen und so komisch mit der Nase schnuppern.

»Hm«, meinte er mit einem verklärten Gesichtsausdruck, »bei Ihnen gibt's heute gelbe Erbsen, nicht wahr?«

»Ja«, nickte ich, »das bekommen wir jetzt jeden Mittwoch und Donnerstag. Meine Frau will in der Gefriertruhe aufräumen, bevor wir ins Sommerhaus fahren.«

»Das klingt prima«, fuhr er fort, »gelbe Erbsen sind mein Leibgericht.«

»Ja, auch meins.«

»Essen Sie die mit durchwachsenem Speck oder mit Bratwurst?«

»Mit beidem. Wenn meine Frau gelbe Erbsen kocht, dann bleibt nichts zu wünschen übrig, das kann ich Ihnen flüstern.«

Martens warf mir einen langen Blick nach, als ich im Haus verschwand. »Ja, so gut müßte man's mal haben«, rief er mir nach.

Ich steckte den Kopf zur Küche rein, um Mariane den traditionellen flüchtigen Kuß zu geben. Dabei hob ich den Deckel und schnupperte nach den gelben Erbsen. Es geht nichts über den Duft von gelben Erbsen, da können mir alle Rosen und Fliederzweige gestohlen bleiben.

»Worüber hast du mit Martens gesprochen?« wollte sie wissen.

»Über gelbe Erbsen, sein Leibgericht.«

Offenbar bekam sie Mitleid mit ihm. »Man soll nett zueinander sein«, sagte sie, »laß ihn doch rüberkommen und eine Portion mit uns essen. Der arme Kerl, er kriegt sicher nichts anderes als Dosen.«

Also erschien Martens und aß mit uns. Er hielt sich tüchtig ran, an Erbsen und den Speck und die Bratwurst und alles andere.

»Reichen Sie mir mal die Tube Senf«, klang es aus seinem Mund voller Erbsen. »Das ist ja ein Hochgenuß, Frau Breinholst, ich muß schon sagen, Sie verstehen sich auf die Kunst der gelben Erbsen. Es gibt sicher nicht viele Hausfrauen hier in der Gegend, die das so gut können. Die gelben Erbsen meiner Frau können da überhaupt nicht ranreichen.«

Mariane konnte ihren Stolz über die schmeichelhaften Worte nicht verbergen. »Nehmen Sie doch noch eine Portion«, forderte sie ihn lächelnd auf, »wir haben mehr draußen.«

»Ja, gerne . . . wenn ich so frei sein darf. Gelbe Erbsen sind mein Leibgericht, ich kann mir nichts Schöneres vorstellen.«

»Dann kommen Sie doch morgen um die gleiche Zeit wieder. Am Donnerstag kriegen wir immer den Rest gelbe Erbsen vom vorigen Tag.«

»Ja, tausend Dank. Am zweiten Tag schmecken die gelben Erbsen noch mal so gut. Darf ich mir noch ein Stück Bratwurst genehmigen?«

Am nächsten Tag erschien Martens wiederum, zur zweiten Runde mit gelben Erbsen. Wieder langte er tüchtig zu, aber es mußte ja auch ein fragwürdiges Vergnügen sein, Tag für Tag von Joghurt, Spiegeleiern und Dosengemüse zu leben.

»Essen Sie oft gelbe Erbsen?« führte er die Konversation mit kauendem Mund weiter und balancierte ein weiteres großes Stück Speck auf seinen Teller.

»Jeden Mittwoch und Donnerstag. Das haben wir zur Tradition gemacht, um die Tiefkühltruhe zu leeren, bevor wir reisen.«

»Ja, ja, manche Leute verstehen's!«

»Dann gucken Sie doch nächsten Mittwoch wieder bei uns rein. Die paar gelben Erbsen werden wir schon verkraften.«

»Na gern, und vielen Dank. Bei gelben Erbsen kann ich nie nein sagen.«

Also erschien Martens am nächsten Mittwoch abermals. Ebenso am folgenden Donnerstag zum zweiten Erbsentopf. Mariane lud ihn für jeden Mittwoch und Donnerstag ein, bis wir Ende nächsten Monats aufs Land wollten. Er nahm dankend an, und ich kann sagen, er nutzte es weidlich aus. So vergingen der ganze Juni und der halbe Juli. Dann hatte Mariane die Nase voll.

»Ich habe nicht gesagt, daß er dir nicht steht. Ich finde nur, vielleicht würde er deiner Mutter noch besser stehen – oder deren Mutter!«

»Ich kann nicht einschlafen – es ist Viertel vor drei – los, laß uns in den Nachtclub gehen!«

Allmählich nahm Martens die Einladungen wie eine Selbstverständlichkeit hin. Er kam, setzte sich, verspeiste seine drei riesigen Portionen, wischte sich den Mund ab, erhob sich und verschwand.

»Auf die Dauer ist das doch zu merken mit einem extra Esser«, beklagte sich Mariane, »von allem muß man mehr auftischen, von Erbsen, Speck und Bratwurst und allem.«

Eine weitere Woche stellte sich Martens pünktlich zum Erbsentopf ein und haute sich voll. Dann reichte es Mariane endgültig.

»Ich habe eine Idee«, sagte sie, »am Mittwoch koche ich etwas, was er bestimmt nicht ausstehen kann, dann wird er wohl wegbleiben. Ich glaube, ich mache Klippfisch und Salzkartoffeln, nichts weiter.«

Ich erschauderte bei dem Gedanken daran. Ja, das würde den besten Freund verscheuchen! Brrr, Klippfisch! Wenn das nicht hilft, müssen wir uns einen anderen Trick ausdenken. Wir warteten gespannt auf den folgenden Mittwoch. Als ich mittags aus der Stadt kam, stank die ganze Straße nach Klippfisch. Es roch, als hätte Mariane einen ganzen Kutter voll Klippfisch auf unser Grundstück ausgekippt. Pünktlich um 13 Uhr stellte sich wie gewöhnlich Martens ein. Er setzte sich an den Eßtisch, klemmte die Serviette unter den Kragen und starrte hungrig auf die Küchentür. Da erschien Mariane mit dem Klippfisch und den Salzkartoffeln.

Martens glotzte verwundert auf die Schüssel. »Nanu, was ist denn jetzt los? Keine gelben Erbsen heute?«

»Nein«, entgegnete Mariane triumphierend, »ab heute und bis zu unserer Abreise essen wir Klippfisch jeden Mittwoch und Fischfrikadellen vom Rest jeden Donnerstag.«

Mir drehte sich der Magen um, und ich konnte Mariane ansehen, daß auch sie mühsam schluckte. Wir beide konnten uns nichts Schlimmeres vorstellen.

»Klippfisch und Fischfrikadellen!« rief Martens mit strahlendem Gesicht, »phantastisch! Um ganz ehrlich zu sein, allmählich hingen mir nämlich die gelben Erbsen zum Halse raus. Das war fast zuviel des Guten. Ich hatte mir im stillen gedacht, wenn wir nicht bald was anderes kriegen, wäre ich nächste Woche nicht mehr gekommen!«

»Es ist furchtbar! Der arme Bräutigam ist so nervös, daß er sich kaum noch auf den Beinen halten kann!«

Es war ein großer Tag in Jörgens Leben. Er wollte in den heiligen Stand der Ehe treten, und wir waren zur Hochzeit eingeladen. Kurz bevor wir zur Kirche fahren mußten, kamen seine Eltern ins Wohnzimmer, wo Mariane und ich es uns gemütlich gemacht hatten. Sie zogen mich in den Flur hinaus, um mit mir unter vier Augen zu reden.

»Es ist furchtbar«, sagte Jörgens Mutter besorgt. »Der arme Bräutigam ist so nervös, daß er sich kaum noch auf den Beinen halten kann. Als Schriftsteller bist du doch ein guter Menschenkenner. Kannst du nicht mal mit ihm reden?«

»Natürlich, aber wir müssen doch in fünf Minuten los«, wandte ich ein.

»Dann kannst du ihn zur Kirche fahren«, schlug Mariane vor, die alles mitbekommen hatte. »Unterwegs kannst du in aller Ruhe mit ihm reden und ihm klarmachen, daß es keinen Grund gibt, sich Sorgen zu machen.«

Eine Weile diskutierten wir hin und her. Das Ende vom Lied war, daß ich einwilligte. Ich sollte Jörgen auf andere Gedanken bringen und ihn endlich dazu bewegen einzusehen, daß eine Hochzeit kein Grund ist, »auf der ganz hohen, hysterischen Ebene zu heulen«, wie sein Vater es ausgedrückt hatte.

Ich bugsierte Jörgen ins Auto, und wir fuhren los. Er sah blaß und nervös aus.

»Jetzt hör mal zu, alter Junge«, sagte ich und gab ihm einen aufmunternden Klaps auf die Schulter. »Trag es wie ein Mann. Beruhige dich, und denk an etwas anderes!«

»Du hast gut reden! Was ist denn, wenn ich in der Kirche alles durcheinanderbringe und an der falschen Stelle antworte und . . .«

»Unsinn! Über die eigentliche Trauung brauchst du dir nicht den Kopf zu zerbrechen. Ich meine . . . das ist nichts im Vergleich zu dem, was du später durchmachst! Die Ehe besteht wahrhaftig nicht aus lauter Tanzen und Glückseligkeit! Sicher, zuerst die Hochzeitsreise und so weiter, alles in Ordnung, aber . . . wenn dann der triste Alltag an die Tür klopft, weißt du, dann . . . also die fröhliche, unbekümmerte Junggesellenzeit ist ein für alle Male vorbei. Das muß man ganz klar sehen. Bei einem Junggesellen macht es nichts aus, wenn er jeden Morgen seine Bude aus einer anderen Richtung ansteuert! Aber das gibt es nun nicht mehr . . .«

Ich schwieg. Es schien mir, daß Jörgen immer blasser geworden war. Vielleicht hatte ich die Sache falsch angepackt. Ich schnitt ein neues Thema an.

»Mit Lieselotte kannst du ja nun wirklich zufrieden sein. Na ja, vielleicht ist sie nun nicht gerade die ganz große, berauschende Schönheit, aber was soll's . . . etwas weniger tut's auch. Und auch ein häßliches Mädchen kann mit einem guten Make-up viel erreichen. Im Grunde kann man viel Gutes über Lieselotte sagen. Und wenn sie erst ein paar Kochbücher gelesen hat, damit sie dir etwas Vernünftiges auftischen kann, wird man noch besser über sie reden können! Es ist ja mög-

»Jetzt hole ich Mutti – sie maskiert sich gerade!«

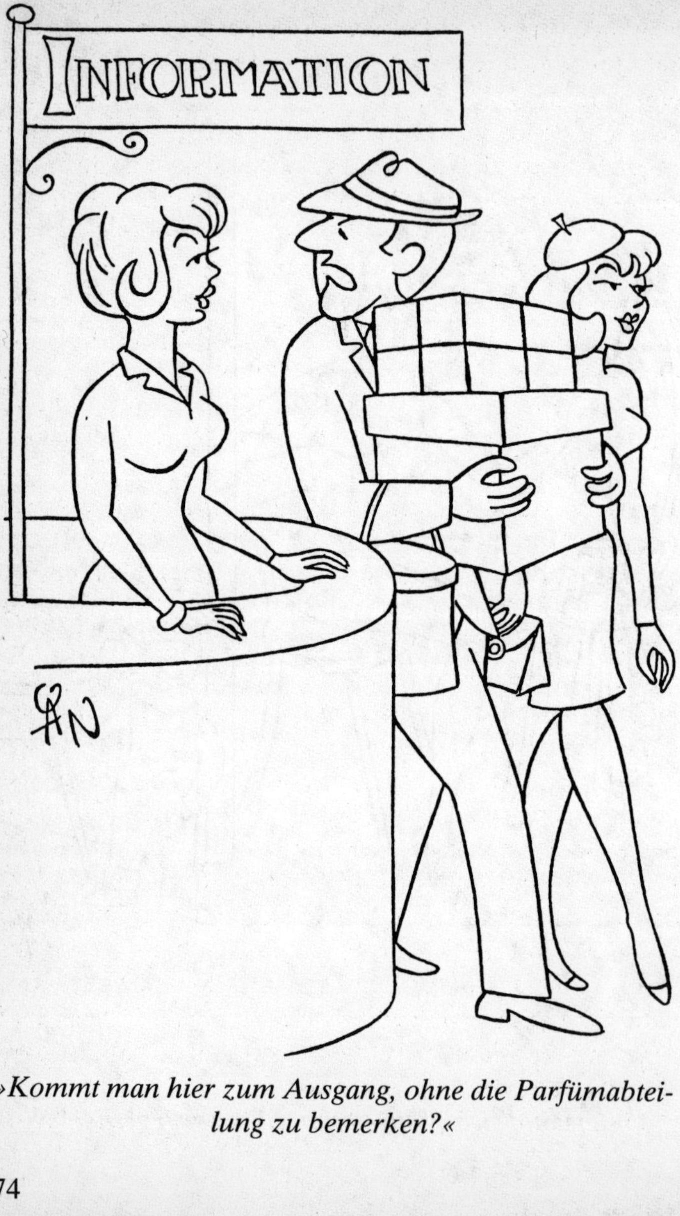

»Kommt man hier zum Ausgang, ohne die Parfümabteilung zu bemerken?«

lich, daß Mariane recht hat, wenn sie immer wieder behauptet, daß Lieselotte nicht einmal das Wasser von einem Ei abgießen kann, aber ist denn das so wichtig? Wer sagt denn, daß du ein Ei zum Frühstück willst? Tröste dich damit, daß du sowieso nicht viel zur Seite legen kannst ... ich meine, wenn es stimmt, daß Lieselotte von zu Hause her unheimlich verwöhnt ist und das Geld zum Fenster hinauswirft, dann müßt ihr jedenfalls an andere Dinge denken. Und noch eine gute Seite von Lieselotte ... ach, jetzt fällt mir gerade nichts Besonderes mehr ein, aber du kennst sie ja auch besser als ich ...«

Wieder schwieg ich. Diese Aufgabe war wirklich schwer zu lösen. Je mehr ich quasselte, desto heißer wurde mein Kopf und desto blasser wurde Jörgen.

»Okay«, fuhr ich fort und schlug ihm nochmals aufmunternd auf die Schulter. »Die Ehe ist eine miese Einrichtung, in die wir früher oder später hineinplumpsen. Platsch! Und dann liegt man da. Es sei denn, man hat den Mut, rechtzeitig abzuspringen. Ich verstehe ja sehr gut, daß du Lieselotte nicht widerstehen konntest. Sie ist ja ganz gut gebaut ... sowohl innerlich wie äußerlich kann sie sich sehen lassen ... und was ein Mädchen nicht im Kopf hat ... und gerade da ist Lieselotte vielleicht etwas sparsam möbliert ... ha, ha ... aber um so besser, dann brauchst du nicht zu einer intellektuellen Frau aufzublicken. Für mich sind intellektuelle Frauen das Schlimmste, was ich kenne. Dann lieber eine kleine, dumme Gans, wie ... ähem ... ich meine nur, wenn der Tag kommt, an dem ihr euch scheiden lassen wollt, dann ist es für einen armen Ehemann unmöglich, gegen eine Frau mit Verstand anzukommen. Und du solltest froh sein, daß Lieselotte ...«

Ich schielte zu Jörgen hinüber. Es schien mir, daß er

nicht mehr ganz so blaß wie vorher war. Sein hübsches, junges Gesicht hatte einen eher verbissenen Ausdruck angenommen.

»Nun, wir hoffen jedenfalls das Beste für euer junges Glück«, sagte ich, um ihn weiter aufzumuntern. »Es kann ja nicht schlimmer kommen, als daß es schiefgeht! Wenn man mit all den armen Kerlen Mitleid haben sollte, die nichtsahnend den Weg zum Altar beschreiten, dann hätte man ja genug zu tun. Die Ehe, mein Junge, das ist so etwas wie eine Bottle-Party, wobei die Frau eine ganze Menge einbringt: ihre Tugend, ihre Liebe, ihre Kuchen- und Kochrezepte sowie ihre Fähigkeit, sich auf einem Laken einigermaßen richtig zu verhalten! Der Mann bringt nur eines ein – seine Freiheit! Zum Beispiel Fußball: Du bist doch in deinem Verein inzwischen in die erste Mannschaft aufgerückt, oder? Und auch wenn es damit jetzt bald vorbei sein wird, jederzeit zum Training und zu Turnieren gehen zu können – alles Dinge, die eine Frau nicht mag –, dann freue dich über die herrlichen Stunden, die du *gehabt* hast . . . So, da drüben sehe ich schon die Kirche! Wir müssen nur noch einmal nach rechts abbiegen, dann sind wir da!«

Jörgen blickte mich fest und mutig an.

»*Fahr nach links!*« sagte er entschlossen.

»Herzlich willkommen, liebe Tante! Hattest du eine gute Reise?«

Es ist merkwürdig, wie Wünsche und Träume sich verändern können. Als wir frisch verheiratet waren, war unser größter Wunschtraum ein großes Haus, das so geräumig war, daß auch ein Gästezimmer darin Platz fand. Die Jahre vergingen, wir bekamen ein Haus mit Gästezimmer – und seitdem haben wir uns oft gewünscht, ein Haus zu besitzen, das so klein und eng ist, daß absolut kein Platz für ein Gästezimmer ist. Ein Gästezimmer hat nämlich den entscheidenden Nachteil, daß es praktisch nie leersteht. Zu jeder Tages- und Nachtzeit kann man die Tür öffnen und jederzeit sicher sein, daß es bewohnt ist. Vielleicht ist gerade Tante Olga aus Hobro eingezogen. Oder es ist eine Kusine von Bornholm oder Frau Nilsson aus Landskrona oder auch eine der zahlreichen anderen ausländischen Bekannten. Vielleicht ist es auch nur Klein Anna, die in die Stadt gekommen ist, um ihre liebe Tante und ihren freundlichen Onkel – das bin ich – zu besuchen. Wie auch immer . . . eins ist bombensicher: leer steht das Gästezimmer niemals.

Vor kurzem erhielten wir einen Brief von Tante Olga. Sie schrieb uns, daß sie uns gern für ein paar Tage besuchen wolle.

»Tante Olga«, sagte Mariane. »Schon wieder!«

»Diese alte, streitbare Madame«, sagte ich. Und ich meinte es auch so.

»Na, na«, versuchte Mariane mich zu dämpfen. »So spricht man nicht über seine Familie.«

»Die ersten acht Tage werden wir sie mit Sicherheit nicht wieder los«, fuhr ich mißmutig fort. »Ich bin ganz sicher, daß sie mindestens eine Woche bleibt ... bei dem schönem Wetter ... Es sei denn ... es sei denn ...«

Plötzlich hatte ich eine Idee. Ich möchte sie fast als genial bezeichnen. Zumindest war es eine Idee, die unter allen Umständen ausprobiert werden sollte. Woher die Idee kam, weiß ich nicht, plötzlich war der Gedanke da, und daß ich es bei Tante Olga (der alten, streitbaren Madame) ausprobieren wollte, daran gab es überhaupt keinen Zweifel.

»Es sei denn was?« wollte Mariane interessiert wissen.

Ich beließ es dabei.

»Ach, nichts Besonderes«, sagte ich. Und dann sprachen wir nicht mehr darüber. Nachmittags, zu der Zeit, als der 4-Uhr-Zug mit Tante Olga aus Hobro einlaufen sollte, begab ich mich zum Bahnhof, um sie abzuholen. Ihre Koffer reichten für mehrere Wochen. Die alte ... na ja, kein böses Wort über die Familie. Tante Olga ist Rentnerin, und es ist durchaus verständlich, daß sie sich in einer Stadt wie Hobro manchmal etwas langweilt. Aber bei uns langweilt sie sich nie, denn hier wird sie von morgens bis abends bedient und bewirtet.

»Herzlich willkommen, liebe Tante«, sagte ich, als ich ihr die Koffer abnahm. »Hattest du eine gute Reise?«

Sie hatte.

»Ich kann wohl im Gästezimmer wohnen, wie immer?« fragte sie.

»Und erst das Muster! Wie geschaffen für eine Familie mit Kindern.«

»Los, komm rein und spiel ein paar Melodien, die deine Klavierlehrerin dir beigebracht hat – vorher werden wir die Gäste nicht los.«

»Wie immer, ja.«

Dann fuhren wir nach Hause, und ich bugsierte ihre Koffer ins Gästezimmer. Mariane war zum Einkaufen in der Stadt.

Als sie eine Stunde später nach Hause kam, wie ein andalusischer Packesel beladen mit Fleisch- und anderen Supermarktwaren, konnte sie Tante Olga nicht finden.

»Wo ist sie?«

»Wer?«

»Tante Olga natürlich.«

»Ach so, die.«

»Sie ist nicht in ihrem Zimmer.«

»*Ihrem* Zimmer? Ich dachte, es sei *unser* Zimmer. *Wir* sind es doch wohl noch immer, die die Prioritäten in diesem Haus setzen.«

»Auf der Gästetoilette ist sie auch nicht . . . auch nicht im Badezimmer. Wo ist sie?«

»*Sie ist abgereist!*«

Ich sagte das, als sei es die natürlichste Sache der Welt, daß Tante Olga, die liebe, alte Rentnerin Tante Olga aus Hobro, die Treueste unter allen unseren Gästezimmerbewohnern, sich bereits nach einer Stunde Besuch wieder empfohlen hatte.

»Abgereist? Wie meinst du das?«

»So, wie ich es gesagt habe. Tante Olga ist abgereist.«

»Wohin?«

»Zu ihrer Schwester in der Innenstadt. Plötzlich meinte sie, daß sie unbedingt ihre Schwester ein paar Tage besuchen müßte. Also fuhr ich sie hin. Mehr gibt es nicht zu sagen.«

Mein Plan hatte funktioniert. Hundertprozentig. Und er funktionierte auch, als einige Tage später die alte

Tante Charlotte aus Maribo zu Besuch kam. Sie verschwand ebenfalls noch vor der Schlafenszeit. Zu irgendeinem anderen Familienmitglied am anderen Ende der Stadt. Ebenfalls Marianes Jugendfreundin, die zu einer Beerdigung in die Großstadt gekommen war, obwohl sie sonst immer bei uns übernachtete, wenn sie in der Hauptstadt war. Sie begnügte sich mit einer Tasse Kaffee, dann fuhr ich sie zum Hauptbahnhof zwecks Weitertransport mit der Staatsbahn in die Provinz, wo sie hergekommen war. So einfach war das.

»Gut«, sagte Mariane. »Ich muß zugeben, daß deine Idee gut war, und genau die beabsichtigte Wirkung erzielt hat. Aber sei mal ehrlich, ist es nicht eigentlich ein gemeiner Trick?«

»Gemein?« wiederholte ich. »Was ist denn daran gemein, in seinem Gästezimmer ein paar Mausefallen aufzustellen?«

»Jetzt hör mal zu, junger Mann, als ich in deinem Alter war, hätte ich es nie gewagt, meinem Vater Zigarettenqualm ins Gesicht zu paffen!«

Die heutige Jugend ist wirklich eine Plage. Als ich nach dem Mittagessen in mein Arbeitszimmer kam, um mein Tagewerk fortzusetzen, hatte Benny das Sofa in Beschlag genommen; er hatte sich der Länge nach ausgestreckt und die Beine auf die Sofalehne geknallt, tief versunken in irgendeinen blöden Schmöker, eine qualmende Zigarette hing ihm im Mundwinkel, und der Plattenspieler dröhnte in voller Lautstärke.

Er warf mir kurz einen ärgerlichen Blick zu und stellte dann demonstrativ den Plattenspieler ab.

Ich sagte nichts, aber es lag mir auf der Zunge zu sagen:

»Als ich in deinem Alter war, mein Junge, lebten wir ohne die Rap-rap Fives, Crazy Monkeys oder wie diese schrecklichen Yeah-yeah-yeah-Kerle nun alle heißen. Wollten wir uns Musik anhören, dann gingen wir zum Strandpavillon, setzten uns auf die Terrasse und lauschten den schmelzenden Klängen eines Wiener Walzers, Smetanas Moldau, der Appassionata, einer Konzertpolka für zwei Violinen . . .«

Benny änderte seine Beinstellung, klopfte die Asche seiner Zigarette ab und blätterte in seinem Buch weiter.

Ich sagte wieder nichts, aber ich hätte gern gesagt:

»Als ich in deinem Alter war, hatte ich andere und gesündere Interessen, als mich auf dem Sofa herumzuflegeln und meine Nase in solche Bücher zu stecken wie ›Schieß aus der Hüfte, Kaktus Kid‹, oder wie sonst all dieser Quatsch heißt, den die heutige Jugend ohne jegliche Kritik verschlingt, und zwar in solchen Mengen, daß man sich manchmal fragt, ob Gutenberg besser nie geboren wäre. Als ich in deinem Alter war, standen gute und volksgesunde Bücher auf meinem Bord, Schulromane, ›Die Meuterei auf der Bounty‹, ›Scott am Südpol‹, ›Lindberghs Flug über den Atlantik‹, ›Albert Schweitzer in Lambarene‹, gute, lehrreiche Bücher. Und jetzt! Wahrlich eine traurige Entwicklung! Wenn wir junge Leute uns beim Lesen entspannen wollten, dann hatten wir immer noch Jack London, Karl May oder Cardby von Scotland Yard, aber wohlgemerkt, wir übertrieben es nie.«

Ich setzte mich an meinen Schreibtisch. Benny war so in seine blödsinnige Lektüre vertieft, daß er seine Zigarette vergaß, die sich zwischen seinen Fingern langsam in Rauch auflöste.

»Vorsicht, die Asche!« rief ich etwas gereizt. Nicht zu fassen! So schlampig ist die Jugend von heute, daß sie nicht einmal die Asche von der Zigarette abklopfen kann. Benny langte nach dem Aschenbecher und klopfte die Asche ab.

Ich sagte nichts weiter, denn es führt ja doch zu nichts, wenn man sich mit der heutigen Jugend auf eine Diskussion einläßt, aber am liebsten hätte ich ihm eine Standpauke gehalten:

»Jetzt hör mal zu, junger Mann, als ich in deinem Alter war, hätte ich es nie gewagt, meinem Vater Zigarettenqualm ins Gesicht zu paffen. Wenn man damals rau-

»Muß ich absolut in die Badewanne, Mami? Kannst du mich nicht bloß absaugen?«

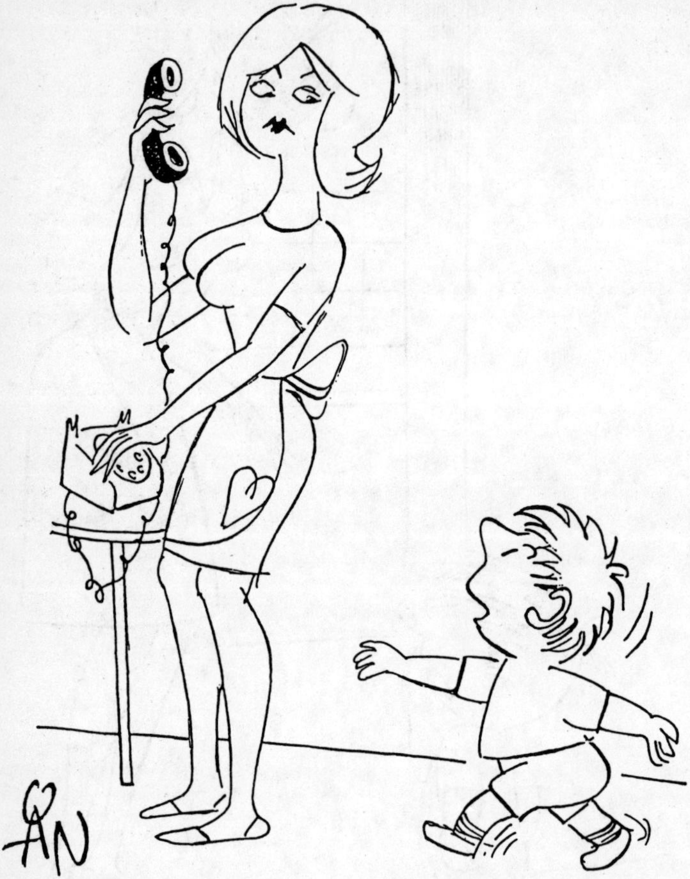

»Wenn das der Bäcker von drüben ist und von einem Fußball und einer kaputten Fensterscheibe faselt, dann sag ihm, er hat die verkehrte Nummer!«

chen wollte, dann hatte man es gefälligst außerhalb des Hauses zu tun, und zwar heimlich. Und im übrigen war ich längst achtzehn, bevor ich zu rauchen begann ... und dann Pfeife.«

Ich lange nach der Dose mit meinem feinen, frischen Pfeifentabak mit Whisky-Aroma. Benny änderte seine Lage und zog die Beine etwas höher auf die Sofalehne; unglaublich, daß er sich in seiner faulen Stellung auf irgend etwas konzentrieren konnte. Ich sagte nichts, aber als ich in seinem Alter war, damals war die Jugend sportlich ganz anders durchtrainiert. Ich selbst raste fast jeden Abend auf meinem Fahrrad zwischen den Bretterstapeln umher, die unten am Hafen lagen, oder wir spielten in unserer Straße Völkerball, was uns ebenfalls reichlich Bewegung verschaffte, und als wir älter wurden, gingen wir jeden Samstag ins Restaurant »Zur Linde« und kegelten ... und jetzt – jetzt flegelt sich die Jugend einfach auf dem Sofa rum und kümmert sich nicht die Bohne um sportliche Betätigung.

Ich konnte einfach nicht länger an mich halten.

»Findest du nicht, du hast lange genug da gelegen?«

Er sprang hoch. »Entschuldigung, ich habe ganz vergessen, daß du ja deinen Mittagsschlaf brauchst.«

Er drückte die Zigarettenkippe im Aschenbecher aus.

»Und du hast mit Zigaretten angefangen, wie ich sehe«, bemerkte ich spitz.

»Du hast mir ja meine Pfeife weggenommen.«

Er schloß den Deckel über dem Plattenspieler.

»Was hast du eigentlich gespielt, als ich reinkam?« fragte ich etwas milder.

»Tschaikowskys Streichquartett Nr. 1, D-Dur, Opus 11.«

Er legte das Buch weg. Es war nicht »Schieß aus der

Hüfte, Kaktus Kid«. Das Werk hieß »Investieren in Aktien und Obligationen«.

Er ging auf die Tür zu.

»Wo willst du hin?« fragte ich freundlich.

»Zum Fußball. Training fürs Turnier.«

Mir fiel der Rasen ein, den er zu mähen versprochen hatte. Hier wollte ich mich als guter Vater zeigen, der ich war, und ihn damit überraschen, daß ich ja den Rasen selbst mähen könnte.

»Eigentlich hast du ja versprochen, den Rasen zu mähen, aber . . .«

»Ist schon gemäht!« rief er und verschwand.

»Das Haus entspricht, wie gesagt, nicht unseren Vorstellungen, aber wenn Sie wieder einmal ein Objekt hereinbekommen sollten, das ...«

Als ich das erstemal ein Haus kaufte, nahm ich meine Frau mit, und heute ist mir klar, daß mich ihre Anwesenheit bei den Verhandlungen mindestens 10000 Kronen gekostet hat. Frauen sind in solchen Fällen immer fehl am Platz. Sie zeigte allzu deutlich, daß ihr das Haus gefiel, und diesen Mangel an Verstellungskunst nutzte der Hausmakler weidlich aus.

»Ich will den Betrag bezahlen, den ich genannt habe, und keinen roten Heller mehr«, sagte ich. Es entging mir nicht, daß Mariane mich am Ärmel zupfte, weil wir zu Hause angesprochen hatten, daß ich mit meinem Preisangebot gut und gerne etwas höher gehen könnte.

»Dann brauchen wir darüber gar nicht weiter zu reden«, sagte der Makler verächtlich schnaubend, weil ihm Marianes Griff nach meinem Ärmel ebensowenig entgangen war.

»Zu dem Preis kann ich Ihnen nicht einmal einen Hühnerstall verkaufen. Dann werde ich mich eben mit einem der anderen Interessenten unterhalten, die Leute stehen ja schon Schlange. Tut mir leid, aber verschenken kann ich nichts.« Er klappte seine Mappe mit den Unterlagen entschlossen zu und ließ sie in seinem Schreibtisch verschwinden. Mariane griff erneut nach meinem Ärmel und sah mich sehr energisch an. Der Falkenblick des Hausmaklers folgte aufmerksam jeder ihrer Bewegungen, und noch im selben Augenblick streckte er seine Hand nach dem Telefonhörer aus.

»Sie müssen mich entschuldigen«, sagte er, »aber da Sie an dem Haus nicht mehr interessiert sind, möchte ich einen anderen Klienten anrufen, der 1000 Kronen mehr geboten hat und dem ich versprochen habe, bis 14.00 Uhr Bescheid zu geben.«

»Ja, aber . . .«, murmelte Mariane und sah sehr nervös aus.

»Zu Hause waren wir uns doch einig, daß . . .«

Ich hatte ihr zwar vorher eingeschärft, daß sie sich in die Verhandlungen nicht einzumischen habe, aber nun war es geschehen – die Schlacht war endgültig verloren oder vielmehr die 10000 Kronen, um die es dabei ging.

»Wie bitte, gnädige Frau?«, sagte der Hausmakler und legte den Hörer schnell wieder auf. »Wollten Sie noch etwas sagen?«

Wir kauften das Haus. Die Bedingungen diktierte der Makler.

Inzwischen habe ich längst gelernt, Mariane bei solchen Verhandlungen zu Hause zu lassen. Und der Makler weiß genau, daß mit einem potentiellen Käufer, der zu Verkaufsgesprächen ohne Frau erscheint, schlecht Kirschenessen ist. Dennoch zieht er männliche Gesprächspartner vor, weil er es dann mit Ebenbürtigen zu tun hat.

»Nun?« fragte er. »Wie finden Sie das Haus. Für das Geld ist es doch geradezu geschenkt, nicht wahr? Wenn man mir freie Hand gelassen hätte, würde ich glatt 100000 Kronen draufknallen, aber es handelt sich um eine Erbschaftssache, und wenn die Erben nicht mehr dafür haben wollen, na bitte . . .«

»Jetzt keine Münzen mehr – den Rest bitte in Scheinen!«

»Findest du immer noch die Grütze von deiner Mutter besser? Dann probier doch noch ein letztes Mal!«

»Das Haus ist soweit ganz in Ordnung«, antwortete ich, »aber für unsere Zwecke leider . . .«

»Haben Sie den Wintergarten mit dem Marmorboden gesehen, den Springbrunnen und . . .«

»Leider hat es auf einer Seite durchgeregnet – dort, wo das Dach schadhaft ist.«

»Und das Badezimmer! Lecker, lecker! Die Einrichtung hat allein ihre 50000 gekostet, italienisches Mosaik, in Perlzement Stück für Stück verlegt . . .«

»Das Bidet ist kaputt.«

»Und wie gefallen Ihnen die vier Schlafzimmer im 1. Stock?«

»Sprechen Sie von den vier Dachkammern?«

»Die Gästetoilette mit Handwaschbecken befindet sich neben der Halle.«

»Neben dem schlauchartigen Flur, wollten Sie sagen. Übrigens liegt sie dort sehr unpraktisch.«

»Und eine funkelnagelneue Ölheizung . . . einen Tag vor dem Tod des Besitzers wurde sie eingebaut.«

»Es riecht im ganzen Haus nach Torf.«

»Was sagt Ihre Frau zu der Küche? Prachtvoll, nicht wahr? Palisander, wohin man blickt, ein französischer Herd . . .«

»Aber der Kühlschrank stammt aus der Zeit der Wikinger. Der müßte in jedem Fall ausgetauscht werden.«

»Und der Garten? In den dreißig Jahren meiner Maklertätigkeit habe ich niemals einen Garten gesehen, der . . .«

»Ja, das stimmt, der Garten ist ein hoffnungsloser Fall. Nirgends ein Plätzchen zum Sonnen. Eine einzige Unkrautwüste.«

»Machen Sie mir ein Angebot!«

»Das Haus entspricht, wie gesagt, nicht unseren Vorstellungen, aber wenn Sie wieder einmal ein Objekt hereinbekommen sollten, das . . .«

Dann mache ich ihm schließlich doch ein Angebot, das genau 50 000 Kronen unter dem Betrag liegt, den ich nach Rücksprache mit Mariane im Notfall zu bezahlen bereit gewesen wäre.

»Ha!« ruft der Makler. »Dafür kriegen Sie ja nicht einmal ein Fundament! Nicht bei den Preisen, die heutzutage für gepflegte Häuser bezahlt werden!«

Er wischt seine Papiere zusammen, und als ich mich erhebe, um zu gehen, breitet er sie ebenso schnell wieder aus, und ich nehme wieder Platz. Dieses Spiel wiederholt sich während der Verhandlungen bis zum Überdruß.

»Hören Sie zu«, sagt er eindringlich nach einer halben Stunde, als die Lage hoffnungslos erscheint, »ich habe Ihnen schon einmal ein Haus verkauft, und ich will es auch in Zukunft wieder tun, aber ich muß ein vernünftiges Angebot von Ihnen haben, das ich den Erben vorlegen kann. Sie müssen 30 000 Kronen hinaufgehen, ehe wir überhaupt ein ernsthaftes Gespräch beginnen können.«

»15 000!« sage ich schnell.

»25 000!« erwidert er, noch ehe ich den Mund wieder geschlossen habe.

Nun liegen nur noch 25 000 Kronen zwischen uns, und wir machen eine kleine Pause und paffen unsere Zigarren. Jeder, der auch nur geringste Ahnung vom Maklergeschäft hat, weiß natürlich, daß der Handel bereits abgeschlossen ist. Der Rest ist nur noch Spiegelfechterei.

»Legen Sie doch noch die letzten 10 000 drauf«, sagte er leutselig. »Sie wissen ja genau, daß es ein erstklassiges Geschäft für Sie ist. Läge das Haus am Strandweg des Öresundes, wäre es glatt 200 000 mehr wert.«

»Das ist ein Geschenk für mich von dir – zur Feier des Tages – also bitte nicht gucken. Das soll eine Überraschung sein!«

»Herzlichen Glückwunsch zum Geburtstag, Schwiegermama! Ehrlich, allmählich ist es mir peinlich mit all den vielen Kerzen.«

»Es liegt aber nicht am Strandweg vom Öresund.«

»All right, all right ... machen wir ein Ende! Teilen wir die letzten 10000 brüderlich zwischen uns auf!«

Er streckt mir die Hand entgegen, und ich ergreife sie. Das Haus gehört mir, und jetzt brauchen wir nur noch den Kaufvertrag zu unterschreiben.

»Nun?« fragt Mariane gespannt, als ich nach Hause komme. »Hat alles geklappt?«

»Alles in bester Ordnung!«

»Und wieviel hast du bezahlt?«

»Ich habe es 30000 Kronen billiger bekommen, als ich veranschlagt hatte.«

Und im Büro des Hausmaklers klingelt das Telefon, und einer der Erben erkundigt sich: »Hat es geklappt?«

»Das Haus ist verkauft«, erklärt der Makler.

»Und für wieviel?«

»Ich habe 30000 Kronen mehr bekommen, als ich vorher kalkuliert hatte.«

Sehen Sie, so kauft und verkauft man Häuser!

»Jetzt ist alles vorbei. Ich kann mich keinen Augenblick mehr festhalten ... Leb wohl, meine Geliebte ... und vielen Dank für alles!«

Wenn ich Freunden und Bekannten und anderen bereitwilligen Zuhörern die folgende, äußerst dramatische Geschichte erzähle und Mariane in der Nähe ist, behauptet sie immer, daß ich schrecklich übertreibe. Aber laß sie nur reden. Die Geschichte ereignete sich genauso, wie Sie sie jetzt hören werden: Wir erlebten die Episode während unserer ersten Reise nach Norwegen, dem Land der Fjorde, des Ziegenkäses und der schönen Mädchen. Wir hatten seit Jahren keine richtigen Ferien mehr erlebt, die Großstadt hing uns zum Hals heraus, trotz all ihren Zaubers voll Lärm, Benzingestank, Stoßverkehr und anderer Verlockungen der Metropole.

Wir mieteten eine kleine Hütte hoch oben im Gebirge, in der Telemark. Wir genossen die Stille, den Duft von Kuhfladen, Ziegen, Almenmädchen und Blaubeeren und was es sonst noch an lauen Sommerabenden in den Bergen zu genießen gibt.

Am Abend des ersten Tages, als die Sonne langsam hinterm Gaustatop-Berg verschwand, machten wir eine lange Wanderung über die Weiten der Bergwelt und sogen die Atmosphäre voller Frieden ein. Wir wanderten wohl ein oder zwei Stunden, als ich anhielt, mich umsah und die Stille der Landschaft mit dem Ausruf durchbrach: »Mein Gott, wo sind wir eigentlich?«

Mariane sah mich verständnislos an. »Wo wir sind? Hier!«

»Ja, natürlich, aber: Wo ist unsere Hütte?«

Mariane guckte plötzlich bedenklich drein.

»Willst du behaupten, daß wir uns verlaufen haben? Mein Gott, wenn wir nun nicht zurückfinden?«

»Selbstverständlich finden wir zurück«, beruhigte ich sie, steckte einen Finger in den Mund, befeuchtete ihn und hielt ihn in die Luft, um die Windrichtung festzustellen.

»Diese Richtung«, sagte ich auf gut Glück. Wir gingen weiter, die Sonne im Rücken. Das Gelände wurde immer unwegsamer, wir stolperten über Stock und Stein, an schroffen Felsen entlang, zwischen bizarren Kiefern. Plötzlich packte Mariane mich hart am Arm.

»Gib zu, du hast keine Ahnung, wo wir sind«, rief sie.

Ich gab gar nichts zu, hielt aber nochmals den feuchten Finger in die Luft, um die Windrichtung zu peilen.

»Diese Richtung!« stellte ich fest und drehte mich um, so daß wir die Sonne jetzt in die Augen kriegten. Eine halbe Stunde später hatten wir keine Sonne mehr in den Augen. Die Dunkelheit brach herein, und ein Unwetter zog auf. Wir kämpften uns weiter über Stock und Stein, über Blaubeersträucher und wilde Büsche, durch Wasserläufe und Klüfte, über bemooste Pfade. Es begann zu regnen, der Donner grollte unheimlich in der Ferne, und schnell brach die dunkle Nacht über uns herein. Ich zündete ein Streichholz an, um mich über die Lage zu orientieren.

»Paß auf«, wollte Mariane warnen, aber zu spät ... ich war über eine senkrechte Felswand getreten. Ich stürzte, konnte mich aber zum Glück im letzten Moment an einem Zweig festhalten. Da hing ich zwischen Himmel und Erde und strampelte verzweifelt mit den

Beinen, in einem vergeblichen Versuch, festen Boden unter die Füße zu kriegen.

»Halt fest«, rief Mariane, »ich hole Hilfe.«

»Nein«, zitterte ich, »das ist hoffnungslos. Vielleicht liegt der nächste bewohnte Ort 50 km entfernt. Jetzt ist alles aus. Mir bleibt nur der Abgrund.«

Allerdings düstere Aussichten für einen Mann im besten Alter, im Vollbesitz seiner Kräfte. Mariane tröstete mich, so gut sie konnte.

»Nimm es doch nicht so schwer.«

»Es geht um mein Leben!« jammerte ich.

»Ach was, Unkraut vergeht nicht«, lachte sie mit einem weniger geglückten Versuch, meinen Lebensmut aufrechtzuerhalten.

»Ich kann bald nicht mehr«, stöhnte ich.

Weitere Minuten verstrichen. Dann ergriff mich die Panik. »Jetzt ist alles vorbei«, schrie ich voller Verzweiflung, »ich kann mich keinen Augenblick mehr festhalten ... Leb wohl, meine Geliebte ... und vielen Dank für alles. Wir schulden ja alle unserem Herrgott den Tod, und wer seine Schuld in diesem Jahr bezahlt, wird im nächsten Jahr verschont!«

Ein äußerst dramatischer Schluß. Original Shakespeare.

Dann ließ ich den Zweig los und ließ mich mit geschlossenen Augen in den Abgrund stürzen. Der Sturz verlief weniger schicksalhaft, als ich gefürchtet hatte. Etwa drei Zoll unter meinen Füßen fand ich festen Grund. Als ich mich etwas erholt hatte, zündete ich mein letztes Streichholz an und beleuchtete den Schauplatz des Dramas. Ich befand mich auf einem schmalen Felsabsatz. Mariane glitt zu mir herunter. In strömendem Regen und bei fernem Donnergrollen warteten wir

»Ich habe dich doch nicht geheiratet, nur weil ich von zu Hause loskommen wollte – na ja, daran gedacht habe ich schon . . .«

»Und du willst mich auf deinen Händen bis ans Ende der Welt tragen? Ehrlich, mir reicht es von hier bis ins Schlafzimmer.«

schweigend auf das Morgengrauen. Wir zitterten vor Kälte, aber immerhin waren wir am Leben geblieben.

Als das Unwetter nach ein paar Stunden näher kam und ein Blitz plötzlich die Szene erleuchtete, erkannte ich, daß die vermeintliche Felsspalte das Teerdach des kleinen Geräteschuppens neben unserer Hütte war, der direkt an die Felswand gebaut war.

»98! Phantastisch! In Ihrem Alter noch alle Zähne! Aber sagen Sie mir doch, wie haben Sie es geschafft, so alt zu werden?«

Ich saß im Wartezimmer meines Zahnarztes, ich war der nächste. Meine Meinung, der letzte Patient des Tages zu sein, mußte ich revidieren, denn plötzlich ertönten schwere, schleppende Schritte auf dem Flur, die Tür wurde geöffnet, und zwei Greise stapften ins Wartezimmer, jeder auf einen Stock gestützt. Höflich schob ich beiden einen Stuhl zurecht. Die alten, steifen Glieder knirschten grauenvoll, als die beiden sich schwer auf den Stuhl fallen ließen.

»Ach ja!« seufzte der eine.

»O nein!« stöhnte der andere.

»Diese vielen Treppen!« meinte der erste.

»Du hättest ja genau wie ich den Fahrstuhl nehmen können«, sagte der zweite. Beide waren völlig außer Atem. Der eine blickte mich mit seinen tiefliegenden, kleinen, freundlichen Augen an.

»Seien Sie froh, daß Sie noch so jung sind«, sagte er. Ich versicherte ihm, daß ich darüber auch froh war, und da ich wußte, daß alte Leute sehr stolz auf ihr hohes Alter sind und um dem Alter meine Reverenz zu erweisen, fragte ich ihn, wie alt er sei.

»98!« kam die stolze Antwort.

»Das ist ja fast unglaublich, so gesund und munter wie Sie . . .«

»98!« wiederholte der Greis und richtete sich auf, wobei er hinzufügte: »Und ich besitze noch alle meine Zähne!«

»Phantastisch!« gab ich zu. »In Ihrem Alter noch alle Zähne! Aber sagen Sie mir doch, wie haben Sie es geschafft, so alt zu werden?«

»Das will ich Ihnen gern erzählen, junger Mann. Ich habe ein gesundes, sauberes und gottesfürchtiges Leben geführt, seit ich die Wiege verlassen habe. Mein ganzes Leben habe ich mich von Süßigkeiten ferngehalten, und nicht ein Tropfen Alkohol ist auf meine Zunge gekommen. Niemand hat mich jemals betrunken nach Hause kommen sehen, und niemand hat mich jemals mit Weibern zusammen gesehen. Jeden Morgen um fünf habe ich kalt geduscht, und jeden Abend habe ich vor Mitternacht im Bett gelegen ... und sommers wie winters habe ich bei offenem Fenster geschlafen. Seit meiner Kindheit habe ich Sport getrieben, und heute bin ich immer noch Linksaußen in der Altherrenmannschaft. Und noch etwas, junger Freund – und merken Sie sich das gut: Noch nie habe ich eine Zigarette im Mund gehabt oder gar eine Zigarre oder eine Pfeife geraucht. Und Weiber ... habe ich das schon erwähnt? Sehen Sie, ich habe es immer verstanden, mich von ihnen fernzuhalten. Ich hatte Karoline, meine Frau, und damit basta!«

»Phantastisch!«

Beschwerlich rückte der Alte seinen Stuhl etwas näher.

»Und ein weiterer Punkt«, fuhr er eifrig fort. »Ein weiterer Punkt, junger Freund, ich habe mich immer an Porree und Möhren gehalten, durch und durch gesundes Gemüse. Nichts davon, sich am kalten Büfett zu überfressen. Mein ganzes Leben lang habe ich nach jeder

Mahlzeit einen Spaziergang gemacht. Ich habe auch keinen fetten Bauch wie die meisten Autofahrer heutzutage. Soll ich Ihnen zehn tiefe Kniebeugen vormachen?«

»Nein, nein – nicht nötig. Ich bin überzeugt, daß Sie es können.«

»Und noch etwas, ich habe immer dafür gesorgt, daß mein Magen in Ordnung ist, auch meine Lungen, meine Nieren und meine Zähne. Ein gesunder Körper in äh ... na, wie sagt man noch ... ein gesunder Leib, das ist das halbe Leben!«

Er schwieg. Dann richtete er die kleinen, tiefliegenden Augen auf mich, um meine Reaktion zu sehen.

»Phantastisch!« reagierte ich. »Das muß ich schon sagen! 98! Und so eine Kondition!«

Dann wandte ich mich an den zweiten, zitternden Greis.

»Und Sie?« fragte ich. »Wie haben denn Sie Ihr Leben gelebt?«

Der Alte schniefte etwas, kramte mit zitternder Hand ein kariertes Taschentuch aus seiner Innentasche und wischte sich einen Tropfen von der Nasenspitze. Ohne Erfolg versuchte er dann, sich aufzurichten, seine steifen Glieder fielen wieder zusammen, die zitternden Hände suchten Halt am Stock, und er begann mit schwacher, krächzender Greisenstimme:

»Ich halte nicht viel von Antons Möhren und Porree und offenen Fenstern ... schon in der Schule begann ich mit dem Rauchen, und mein ganzes Leben habe ich geraucht wie ein Schlot und gesoffen wie ein Schwamm! Noch immer nehme ich jeden Morgen einen kräftigen Schluck auf nüchternen Magen, und täglich rauche ich dreißig Pfeifen Tabak. Es gibt keine Bar und keinen Nachtklub in der Stadt, wo ich nicht schon Stammgast

»Wenn Mami mich in die Badewanne setzt, zieht sie mir vorher immer Schuhe und Strümpfe aus.«

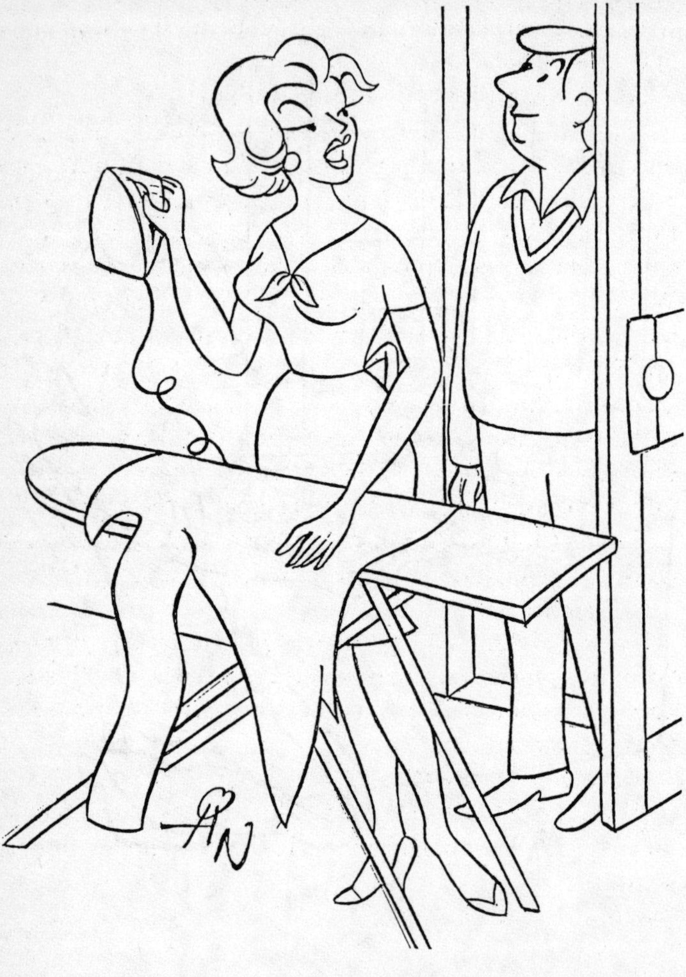

»Davon hat mir der Pastor bei unserer Hochzeit nichts gesagt – sonst wäre ich beizeiten abgehauen.«

war! Und Weiber, sagen Sie? Mein Lebtag bin ich hinter ihnen hergewesen, nie hatten sie Ruhe vor mir. Ich war siebenmal verheiratet und bin siebenmal geschieden, und . . .«

Die Zahnarzthelferin öffnete die Tür.

»Sie sind gleich dran«, nickte sie mir zu und ging durch das Wartezimmer in einen anderen Raum. Der Alte konnte gerade noch mit seinem Stock ihre wohlgeformte Rückseite erreichen. »Hä, hä!« kicherte er und starrte ihr kurzsichtig nach. Danach schwieg er eine Weile, um dann wieder den Faden aufzunehmen. »Nee, nee«, grinste er. »Porree und Möhren? Fettes Fleisch und Schnaps! Champagner und Kaviar! Wein, Weib und Gesang! Kaum Bewegung! Kaum Schlaf! Spaß und Tändelei! Mädchen, Frauen, viele Frauen! Doch, ich habe das Leben genossen, kann ich Ihnen sagen! Jede Sekunde habe ich ausgekostet. Und ich bin *still going* . . .«

Er verstummte und atmete einige Male tief ein, um dann seinen nachdenkenswerten Bericht abzuschließen:

». . . *strong*!«

Er preßte die Hand ans Herz, um wieder zu Atem zu kommen. Dann wurde er von einem gewaltigen Hustenanfall überwältigt. Als er ihn einigermaßen überstanden hatte, fragte ich ihn:

»Und wie alt sind Sie nun geworden?«

Worauf der Greis mit pfeifendem Husten seinen letzten, verfaulten Zahnstumpf entblößte und mühsam hervorstammelte:

»48!«

»Ich hatte dieses Restaurant für ein anständiges Lokal gehalten. Wo sonst jagt man die Gäste mit der Rechnung, bevor sie selbst danach verlangen?«

Eine Frage an die männlichen Leser: Wenn Sie in der Weihnachtszeit eine dreistündige Sitzung im Büro oder Geschäft überstanden haben, was würden Sie hinterher zu Mittag essen? Mutterns Klappstullen mit Tomate und Ei, in Pergamentpapier verpackt – oder ein leckeres Weihnachtsessen mit Hausmachersülze, Gänseleberpastete, Schinken und Champignons, delikate Hühnerschenkel und anschließend einen Mokka, Cognac und eine dicke Zigarre? Sie würden sich an die Hühnerschenkel halten, nicht wahr? Und das Butterbrot lassen Sie da, wo es hingehört, im Pergamentpapier. Ich jedenfalls genoß mein Weihnachtsessen in einem gemütlichen Restaurant. Und nachdem ich die dritte Tasse Mokka genüßlich geschlürft und den zweiten Cognac gekostet hatte, rief ich nach dem Ober, um zu zahlen. Ich rief etliche Male, ohne daß er reagierte. Er war vollauf beschäftigt an den anderen Tischen. Schließlich verlor ich die Geduld.

»Zahlen!« schrie ich aus voller Kraft. Sämtliche Kellner zuckten zusammen und rannten plötzlich wie die Ameisen durcheinander. Sie schrieben Rechnungen wie die Wilden, auch meine Rechnung tauchte sogleich auf.

»Bitte sehr, mein Herr«, klang es gemessen und sichtlich gestört, da ich mit meinem Gebrüll offenbar den Ar-

»Die spielen eigentlich um nichts Richtiges. Nur um die Ehre! Dachtest du vielleicht, die spielen um uns?«

»Sag Bescheid, wenn ich dir beim Segeltuchsalat helfen kann.«

beitsrhythmus im ganzen Restaurant durcheinandergebracht hatte. Ich langte in die Jackentasche nach meiner Brieftasche – und mir sträubten sich die Haare. Die Jakkentasche war leer! Ich hatte die Brieftasche zu Hause in meiner Tweedjacke gelassen . . . und hier saß ich also ohne einen Pfennig. Ich überflog den Betrag auf der Rechnung ein dutzendmal, nur um Zeit zu gewinnen. Dann hatte ich eine Idee.

»Übrigens«, wandte ich mich an den Ober, »geben Sie mir doch bitte noch einen Cognac und noch eine Zigarre, echt Brasil!«

»Gern!« Der Ober entfernte sich. Ich blieb an meinem Tisch sitzen und versuchte, möglichst unschuldig auszusehen. Gar nicht so einfach, wenn man völlig blank ist und vor sich eine unbezahlte Rechnung liegen hat.

Ich erhob mich und suchte das Telefon. Ich hatte das Gefühl, scharf beobachtet zu werden. Ich rief zu Hause an. Mariane meldete sich, und ich servierte ihr eine Notlüge.

»Ich war zur Konferenz im Verlag, und nun merke ich plötzlich, daß ich meinen Führerschein vergessen habe. Er liegt in der Brieftasche in der grauen Tweedjacke. Ich will nicht riskieren, jetzt im dichten Weihnachtsverkehr ohne Führerschein zu fahren, wo es auf den Straßen von Verkehrspolizisten nur so wimmelt. Kannst du nicht eben mit der Brieftasche hierherkommen? Ich telefoniere vom Restaurant ›Zum Roten Hahn‹ und trinke hier so lange einen Kaffee.«

»Solltest du dich nicht lieber irgendwohin setzen, wo du dein Eibrot essen kannst?«

»Das habe ich schon gegessen, unterwegs aus der Hand.«

Sie versprach, sofort zu kommen. Gott sei Dank, die

Sache war geritzt. Jetzt mußte ich nur Mariane am Eingang aufhalten, eben den Kaffee bezahlen, während sie wartete, und später die Klappstulle den Enten im Kanal schenken oder das Brot im Garten unbemerkt vergraben. Na, das nächste Mal würde ich wohl auf mein privates vorweihnachtliches Festessen im Luxusrestaurat verzichten.

»Dürfte ich Sie wohl bitten, mein Herr, die Rechnung.«

Ich zuckte zusammen, daß ich mir fast die Wirbelsäule gebrochen hätte.

»Rechnung?« wiederholte ich verstört. »Aber ich bin doch noch gar nicht fertig.«

»Trotzdem möchte ich Sie gern darum bitten. Mein Kollege soll mich nämlich ablösen, Sie können den Rest mit ihm abrechnen. Bitte sehr, das macht 69,50 DM.«

Wieder legte er mir die Rechnung vor, es gab also keinen Zweifel. Eine äußerst schwierige Situation. Sollte ich mich empören und die Zahlung verweigern, bis ich die Cognacflasche bis zum letzten Tropfen geleert hatte? Oder sollte mir plötzlich übel werden, daß ich zur Toilette stürzen mußte – nur um Zeit zu gewinnen? Oder sollte ich die Wahrheit sagen, daß ich keinen Heller und Pfennig besaß, vielleicht meine Dienste beim Aufwasch in der Küche anbieten, um die Schulden abzuarbeiten? Ich steckte nochmals meine Hand in die Jackentasche – sie war so leer wie ein Kino am Weihnachtsmorgen.

»Bevor ich zahle, könnten Sie eigentlich noch eine Portion Leberpastete bringen . . . und eine von Ihren köstlichen Torten würde ich auch gern probieren . . . zeigen Sie mir doch bitte Ihre Auswahl . . . und noch ein paar Zigarren!«

»Mami findet, ich bin ziemlich weit für mein Alter ... Übrigens, Frau Hansen, haben Sie heute abend schon was vor?«

»Nach Abschluß der erfolgreichen Behandlung weiß ich kaum, was ich mehr bewundern soll – Ihre herrliche Perlenkette am Hals oder Ihre herrliche Perlenkette aus Zähnen.«

Ich verstand kaum, was ich selbst sagte. Der kalte, teilnahmslose Blick des Kellners ließ mich nicht los. Sobald ich meine Hand ohne eine vollgestopfte Brieftasche aus der Jackentasche ziehen würde, wäre ich geliefert.

Zum Glück kam in dem Moment ein anderer Kellner an meinen Tisch.

»Herr Beißholz, sind Sie das?«

»Breinholst, ja, das bin ich.«

»Ein Telefongespräch für Sie.«

»Entschuldigen Sie mich einen Augenblick«, wandte ich mich triumphierend an meinen Kellner und verschwand in der Telefonzelle. Es war Mariane, sie wollte mich nur beruhigen, daß sie einen Augenblick später käme. Jetzt mußte ich nur das Telefongespräch in die Länge ziehen, bis sie kam. Was sich bei vernünftigem Nachdenken als unmöglich erwies. Ich bat sie also lediglich, sich zu beeilen. Und als sie den Hörer auflegte, setzte ich das Telefongespräch mit einer fingierten Person fort. So gewann ich etwa eine Viertelstunde.

Der Kellner stand drüben am Büfett und verfolgte mißtrauisch jede meiner Mundbewegungen. Endlich verschwand er. Ich legte auf und ging zu meinem Tisch zurück, der inzwischen mit Gänseleberpastete, Schokoladentorte und Zigarren geschmückt war. Ich nippte an der Torte und gab den Anschein, jeden Bissen zu genießen.

»Mein Herr, wollen Sie jetzt bitte die Rechnung zahlen?«

Die Stimme kam mir bekannt vor, desgleichen die Rechnung. Und die Stimme klang nicht nur bekannt, sondern auch laut und unbeherrscht, so laut, daß die Gäste von den Nebentischen mir ihre ungeteilte Aufmerksamkeit zukommen ließen. Es gab nur noch zwei Möglichkeiten: Entweder mußte ich in rasender Geschwindigkeit das Weite suchen, oder ich mußte nach dem Geschäftsführer fragen, um eine gütliche Lösung zu finden. Eventuell könnte ich Mantel und Armbanduhr als Pfand hinterlassen.

»Wartest du schon lange?« Gott sei Dank, Mariane tauchte auf. Ich atmete erleichtert auf, erhob mich und bot ihr einen Stuhl an. Diskret steckte sie mir die Brieftasche in die Hand. Dann blickte ich meinen Kellner an, kühn und selbstsicher.

»Sagten Sie zahlen?« meckerte ich. »Ich hatte dieses Restaurant für ein anständiges Lokal gehalten. Wo sonst jagt man die Gäste mit der Rechnung, bevor sie selbst danach verlangen? Geben Sie bitte meiner Frau einen Kaffee und einen Aprikosenlikör. Und wenn Sie mich weiter belästigen, hätte ich gern den Geschäftsführer gesprochen.«

»Verzeihung, aber das lag nur an der Ablösung meines Kollegen. Jetzt ist es egal, meine Mittagspause ist sowieso vorbei.«

»Okay«, nickte ich, »wir lassen es dabei. Aber bringen Sie jetzt bitte den Kaffee für meine Frau.«

»Danke, ich möchte gar nichts«, wehrte Mariane ab.

»Na gut, dann geh schon vor, während ich zahle.«

»Warum kann ich denn nicht hier warten? Du hast doch wohl nichts Verbotenes verzehrt, oder?«

»Natürlich nicht, mein Schatz. Ich dachte nur ... vielleicht wolltest du zur Damentoilette und dich etwas zurechtmachen, bevor wir gehen.«

Sie rührte sich nicht vom Fleck. Triumphierend breitete der Ober die Rechnung vor mir aus. Der Betrag von 69,50 hatte sich inzwischen um einiges hochgeschraubt, genau 87,00 DM, mit Leberpastete und Torte und Zigarren.

»Dann macht es also 87,00 DM, mein Herr.«

Er schob die Rechnung in Marianes Blickfeld, um sicher zu sein, daß sie die Zahlen lesen konnte. Ich holte die Brieftasche hervor – und wäre fast in Ohnmacht gefallen. Anstatt des Hundertmarkscheins, den ich todsicher dort vermutet hatte, fand ich nur einen einsamen Zehnmarkschein. Verständnislos guckte ich Mariane an.

»Ach, verzeih mir, aber ich habe die 100 Mark für Weihnachtsgeschenke geborgt«, flüsterte sie und hielt mir mit ihrem reizendsten Lächeln ein kleines Paket vor die Augen. »Guck mal hier, eine kleine Überraschung für dich. Ich wette, das rätst du nie.«

Sie hatte recht, ich riet es nicht. Aber in dem Augenblick hatte ich nur einen einzigen Wunsch . . . ein Päckchen mit einem Gutschein über 87,00 DM auf den Namen »Zum Roten Hahn«.

»Komm schon, Schätzchen, die liebe Dame will doch gern das kleine Beißer-Beißer-Beißerchen sehen!«

Ich habe nichts gegen Kinder – schon deswegen nicht, weil ich selbst seinerzeit mit Rangel und Beißring angefangen habe. Es ist mir jedoch nicht möglich, in zügellose Begeisterung zu verfallen, wenn ich die schreienden, windelverpackten Nachkommen anderer Leute sehe. Richtig betrachtet, sind alle kleinen Kinder ja doch gleich: zahnlos, quengelnd, ewig pinkelnd und lutschend. Um ehrlich zu sein, ich finde nicht, daß Säuglinge eine besonders geniale Erfindung sind. Aber natürlich ist eine solche Einstellung auch etwas davon abhängig, wer diese Wesen produziert und auf den Markt gebracht hat. Wenn es der hohe Chef ist, der Verleger, ja dann müßte man schon geistig sehr schmalspurig sein, wenn man nicht augenblicklich sähe, wie hübsch und genial das Kind ist. Aber darauf kommen wir später noch zurück.

Zunächst ein paar Worte über meine frühere Büroangestellte, Fräulein Lind, jetzt verheiratete Frau Kesselflicker Mortensen. Neulich kam sie in mein Büro, um ihr Neugeborenes zu präsentieren. Zum denkbar ungeeignetsten Zeitpunkt, gerade als ich mit meiner jetzigen Sekretärin, Fräulein Hansen, mitten in der Beantwortung der Tagespost war. Fräulein Hansen fiel fast um vor Bewunderung, als ihr Frau Mortensen anvertraute, daß der kleine Kesselflicker junior gerade seinen ersten Zahn bekommen hatte. Aus irgendeinem unverständlichen Grund wollte Fräulein Hansen den Zahn unbedingt sehen, obwohl er sich kaum von den anderen Milchzähnen unterscheiden konnte, es sei denn, er hätte sich zu einem Stoßzahn, einem Gorillazahn oder einem Walroßzahn entwickelt.

»Darf ich das kleine Beißerchen sehen?« lockte sie. Sie durfte nicht. Demonstrativ biß der Bengel seine Gaumen fest zusammen. Es zuckte in den Mundwinkeln. Ein Schrei war im Anmarsch. Die Mutter versuchte, ihr Kind zu beruhigen.

»Komm schon, Schätzchen, die liebe Dame will doch gern das kleine Beißer-Beißer-Beißerchen sehen!«

Ich wollte gerne mit der Arbeit fortfahren.

»So«, sagte ich und versuchte, dem Knaben in die Augen zu sehen. »Zeig nun der Dame den Zahn. Wir werden ihn dir schon nicht ziehen!«

Das Kind ließ ein Schreckensgeheul ertönen und bleckte dabei den Zahn. Er sah aus wie alle Zähne. Wie ein kleines Häufchen Vogeldreck. Aus meiner Sicht jedenfalls.

»Nein, ist der aber schön!« jubelte Fräulein Hansen. »Ein richtiger kleiner Menschenzahn!«

Die Mutter strahlte wie eine Sonne. Für sie war der Zahn allem Anschein nach wie ein achtes Weltwunder.

»So«, meinte ich, »wir sollten jetzt mit der Arbeit weitermachen.«

Die Frau Kesselflicker verstand den haarfeinen Wink und zog sich mit ihrem Kind zurück.

»Er saß schief, der Zahn«, sagte Fräulein Hansen im gleichen Augenblick, als die Tür ins Schloß fiel, »und der Junge wird genauso rothaarig wie sein Vater!«

Ich antwortete nicht. Bei solchen Sachen halte ich mich raus. Meinetwegen können die Kinder anderer Leute so fuchsrot sein, wie sie wollen. Und wenn der Zahn schief sitzt, sollte man die Eltern darauf hinweisen, damit sie rechtzeitig etwas dagegen unternehmen können. Es würde mir niemals einfallen, mich wegen eines hysterischen Kindes heuchlerisch zu verhalten. Das heißt ... es kann Situationen geben, wo es geradezu notwendig ist, sich ein klein wenig zu verstellen. Wie gerade vor kurzem, als ich mich in das Allerheiligste des Verlegers gewagt hatte, um mich nach einem Vorschuß auf mein nächstes Buch zu erkundigen. Der Verleger war gerade nicht da, auf seinem Platz aber saß die junge Frau Verlegerin mit ihrem kleinen Erstgeborenen auf dem Schoß. Soweit ich es beurteilen konnte, hatte das Kind gerade eine herrliche Mahlzeit hinter sich. Jedenfalls legte die Frau Verlegerin letzte Hand an die Knöpfe ihrer Bluse, innerhalb derer sich die beiden hübsch geformten Depots für das Kind befanden. Es muß hier erwähnt werden, daß man lange nach einem hübscheren Mädchen als der Frau meines Verlegers suchen muß. Ehemalige Schönheitskönigin. Alles sitzt, wo es soll und wie es soll. Und ein Blick, der ... nun ja, man ist ja im besten Alter und möchte einen so guten Eindruck wie möglich machen ... man will sich ja gern sowohl mit seinem Verleger als auch mit dessen Frau gutstellen. Also kitzelte ich das Kleine unter dem Kinn.

»Da haben wir ja das Wunderkind«, sagte ich mit bewundernder Stimme. »Ich muß schon sagen, Frau Vankelbär ... Sie haben aber auch ein süßes, liebes Kleines. Und diese Haare! Und erst die Augen! Ein richtiger kleiner Herzensdieb ist sie! Ganz und gar die Mutter! Und so lieb und nett und gut sieht sie aus. Hat sie schon

»Du kommst zwanzig Minuten zu spät!«

»Du Scheusal! Ich fahre nach Hause zu Mami!«

ihren ersten Milchzahn? Nein, soweit bist du wohl noch nicht, was? Du hast noch keine Beißer-Beißer-Beißerchen in deinem süßen kleinen Mund. Ach, wic ist sic niedlich, wenn sie lacht. Die hübschesten süßen kleinen Lachfältchen. Wieder etwas von ihrer Mutter. Sie haben es aber gut, Frau Vankelbär, mit so einem niedlichen kleinen Kind. Wenn du bald einmal gehen kannst, mein Kleines, dann kommst du mich ab und zu besuchen, und wir spielen zusammen, ja? Ich habe auch eine liebe kleine Miezekatze. Sehen Sie . . . sie hat gar keine Angst vor mir. Na ja, man sagt mir auch nach, daß ich mit kleinen Kindern umgehen kann. Dickedickedickedick, das kleine Näschen! Laß mich mal sehen, kannst du auch schon Kuchen backen? Großen, großen Kuchen? Na, sehen Sie, wußte ich's doch! Backe, backe Kuchen . . . Ha, ha! Sie versteht richtig Spaß, die Kleine, richtig lieb ist sie. Du bist doch lieb, oder? Man muß sie sich immer wieder ansehen! Der Mutter wie aus dem Gesicht geschnitten? Wie heißt die Kleine eigentlich, Frau Vankelbär?«

Ich wandte meine Augen von dem Kind ab und begegnete Frau Vankelbärs Blick. Er war scharf wie ein frisch geschliffenes Brotmesser, als sie antwortete:

»Er heißt Klaus-Heinrich!«

»Nach diesem guten Steak bin ich voller Energie, Mariane! Ich bin genau in der Stimmung, am Auto den ganz großen Frühjahrsputz zu machen!«

Ich trocknete mir mit der Serviette den Mund ab, erhob mich, bedankte mich artig für das gute Essen und holte die Kiste mit den besseren Sonntagszigarren hervor. Während ich mir eine gut abgelagerte, duftende Corona anzündete, überlegte ich kurz, ob ich in die Küche gehen sollte, um Mariane beim Abwaschen zu helfen. Unglücklicherweise fiel mein Blick jedoch auf einen instruktiven Artikel auf den Autoseiten der Sonntagszeitung, »Frühjahrsputz am Auto«, und ich vergaß meine guten Absichten. Ich ließ mich in meinen Lieblingssessel sinken und legte die Beine auf den Couchtisch mit der dicken, rauchfarbenen Glasplatte, etwas, das normalerweise streng verboten war; aber man hat ja nur einmal in der Woche Sonntag, und außerdem war Mariane in der Küche, und was sie nicht weiß, macht sie nicht heiß. Ich paffte etwas an meiner Corona, bevor ich mir den Artikel vornahm. Als ich ihn gelesen und verdaut hatte, rief ich zu Mariane in die Küche hinaus:

»Weißt du noch, wie es am vergangenen Sonntag war? Ich verschlief den ganzen Nachmittag!«

Sie konnte sich sehr gut erinnern.

»Heute wird es anders«, fuhr ich gutgelaunt fort. »Nach diesem guten Steak bin ich voller Energie. Ich bin genau in der Stimmung, am Auto den ganz großen Frühjahrsputz zu machen! Und wenn es dann frisch gewaschen und auf Hochglanz poliert ist, dann machen du und ich und die Kinder eine schöne Fahrt ins Grüne!«

Ich machte eine kurze Pause, während der ich meine Corona von der Magenbinde befreite. Ich spürte, wie mich für einen Moment die Energie verließ, dann riß ich mich wieder zusammen und fuhr fort:

»Zuerst werde ich das Frostschutzmittel aus dem Kühler ablassen. Haben wir eigentlich weiches Wasser? In diesem Autoartikel steht, daß sich weiches Wasser am besten zum Wiederauffüllen des Kühlers eignet. Und dann mache ich auch noch einen Ölwechsel, das kann man ohne weiteres selber. Hier ist genau beschrieben, wie man dabei vorgehen muß. Man braucht nur die Verschlußschraube von der Ölwanne abzuschrauben, dann geht der Rest von allein. Ich brauche deinen Staubsauger, es ist schon Jahre her, daß das Auto von innen gereinigt wurde. Dazu benötige ich auch etwas Seifenwasser für die Lederbezüge und die Gummimatten. Womit kann man Schokoladenflecken entfernen? Jakob hat ja den ganzen Rücksitz mit Schokolade beschmiert. Ja, es ist schon viel zu tun, aber wenigstens einmal sollte es gründlich gemacht werden.«

Ich nahm einen tiefen Zug an der Zigarre. Es mußte am ungewöhnlich schönen Frühlingswetter liegen, der frische Duft von Garten und Blumen und Rasen und Steinen erfüllte mich mit einem wahren Tatendrang, ich mußte meine Muskeln bewegen und den Wagen in einen tipptopp Zustand bringen. So geht es uns Männern allen. Nach einem langen und dunklen Winter, wo man Sonntag für Sonntag in seinem Fernsehsessel verbracht hat, kann uns nichts mehr aufhalten, wenn der Frühling sich endgültig gemeldet hat, wir müssen hinaus und uns entfalten. Für uns Männer ist das eine der kleinen, herrlichen Freuden des Lebens, eine Freude, an der Frauen, die viel zuviel anderen Quatsch im Kopf haben, nicht teilhaben können.

»Soll ich dir noch etwas sagen, Mariane? Kannst du mich hören? Hinterher, wenn ich mit Staubsaugen fertig bin, werde ich dem ganzen Lack eine ordentliche Schicht Wachs verpassen, und beim Wienern lege ich meine ganze Kraft hinein, so daß der Wagen von oben bis unten glänzt wie eine frisch geprägte Fünfkronenmünze! Ich weiß, daß es viel Arbeit ist, aber es läßt sich machen, und bei diesem Wetter ist es nicht einmal der Rede wert. Du weißt, wie schick der Wagen von Thomasen letzten Sonntag aussah, nachdem er den ganzen Tag gewachst und gewienert und poliert hatte.«

Ich legte den Zigarrenstummel in den Aschenbecher, griff nach einem Kissen und legte mich etwas zurück. Ich faltete die Hände über dem Bauch (ich war schon immer der Ansicht, daß Männer mit über dem Bauch gefalteten Händen am Sonntagnachmittag eine gewisse Gemütlichkeit ausstrahlen) und sagte weiter:

»Hinterher, Mariane . . . ich glaube, daß ich hinterher noch mit Petroleum eine Motorwäsche mache. Das hat der Motor noch nie bekommen, und nach diesem Winter mit all dem Dreck und Matsch und Salz hat er es bestimmt nötig. In dem Artikel steht, daß man ohne weiteres eine solche Motorwäsche selbst vornehmen kann, wenn man nur alle elektrischen Kabel gut abdeckt.«

Ich schloß für einen Moment die Augen. Im Wohnzimmer war es still, und die Frühlingssonne wärmte mir das Gesicht. Friedlich summten die Fliegen am Fenster. Die Sonne wurde mir zu heiß, ich breitete daher die Sonntagszeitung mit dem Autoartikel über mein Ge-

»Lies deine Zeitung, Heinz – und glotz nicht immer stur und leer in die Luft!«

»Ich sagte bloß: ›Na, Schwiegerpapa, hast du deine neue Steuerkarte gekriegt?‹«

sicht und faltete wieder die Hände über meinem Bauch. Ich fühlte mich unheimlich wohl. Aus dem Spülbecken in der Küche klang das Klirren von Gläsern und Tellern, die Geräusche waren aber gerade so weit entfernt, daß sie mich gar nicht störten. Ein paar Minuten vergingen, während ich zurückgelehnt im Lehnstuhl die Sonntags-Siesta in vollen Zügen genoß.

»Wenn ich es heute nachmittag noch schaffe, Mariane, klebe ich auch noch alle losen Gummidichtungen mit dem Spezialleim fest, den ich letztes Jahr kaufte, ich kontrolliere dann auch noch die Batterie, die Lichtmaschine, die Batterie, die Stoßdämpfer, das Getriebe und . . . und die Batterie . . . und das Differential und die Vorderradlager und . . . und die Lichtmaschine . . . und . . . die Batterie . . . und . . .«

Mehr konnte ich nicht sagen. Ruhig . . . ganz ruhig dämmerte ich langsam ein. Abermals war es mir gelungen, meinen unaufhaltsamen Tatendrang an einem Sonntag zu bezähmen.

»Vielleicht könnte man mit einem Messer vorsichtig den Korken anheben, ihm sozusagen auf den Weg helfen?«

Ich hatte meinen hervorragenden Chef, den bekannten Verleger, zum Essen nach Hause eingeladen. Nun ist mein Chef eine hohe und sehr kultivierte Persönlichkeit, ein Mensch, bei dem ich stolz bin, ihn zu meinen Bekannten zu zählen. Um das zu würdigen und zur Feier des Tages – es war das erste Mal, daß er bei uns zum Essen war –, hatte ich eine Flasche Champagner besorgt, die ich zum Dessert servieren wollte. »So ein Herr aus der Oberschicht weiß ja schließlich, was sich gehört«, bemerkte ich, als ich meiner Frau Mariane die Flasche vorführte. »Und wenn alles gutgeht, könnte es sich bei den Honoraren bemerkbar machen!« fügte ich hinzu. Diese Seite der Sache darf man ja nicht außer acht lassen.

Vorsichtig stellte ich die Flasche auf den Küchentisch. *Cliquet de Saint-Chaiselongue* oder etwas in der Art stand auf dem Etikett. Nach Aussage des Weinhändlers war es eine anerkannt gute Marke. Aus verständlichen Gründen war die Erwartung deshalb groß, als wir zum Dessert gelangten; ich erhob mich, um die Flasche zu entkorken. Aus zahlreichen Filmen über die High-Society wußte ich, daß Champagnerkorken etwas besonders Feierliches sind und daß sie in dem Augenblick wie eine Rakete abzischen, in dem man den Stahldraht entfernt, der die dünne Blechplatte am Korken umgibt.

Bevor ich anfing, am Stahldraht herumzufingern, warf ich einen schnellen Blick durch das Eßzimmer, um die Richtung abzuschätzen, in welcher der Korken den geringsten Schaden anrichten würde. Ich hätte ihn ungern in den Prismenkronleuchter fliegen lassen; auch sollten die Fenster möglichst verschont bleiben, obwohl wir sowohl die Hagel- als auch die Glasversicherung pünktlich bezahlt hatten. Endlich hatte ich die Richtung und begann vorsichtig, den Stahldraht zu lockern. Mariane hielt sich die Ohren zu, um sich beim erwarteten Knall nicht das Trommelfell beschädigen zu lassen, aber mit einem schnellen, zurechtweisenden Blick gab ich ihr zu verstehen, daß ein derartiges Verhalten taktlos sei und nicht dem guten Ton entspreche. Es gibt zwar nicht täglich Champagner bei uns, dennnoch weiß man ja, was in der guten Gesellschaft zur Etikette gehört. Endlich hatte ich den Stahldraht vom Korken abgedreht, schloß unwillkürlich die Augen und wandte das Gesicht zur Seite. Kein Knall. Im Grunde passierte gar nichts. »Merkwürdig«, murmelte ich.

»Will er nicht?« fragte der Verleger interessiert.

»Nein«, antwortete ich enttäuscht.

»Ist der Stahldraht ganz ab?«

»Ja, daran kann es nicht liegen.«

»Dann versuchen Sie doch, die Flasche mit der Hand etwas anzuwärmen.«

Ich erwärmte den Flaschenhals etwas. Der Verleger verlangte die Flasche, um sie genauer in Augenschein zu nehmen.

»Merkwürdig«, murmelte er.

»Könnte man nicht versuchen, sie etwas zu schütteln?« kam ein Vorschlag von Mariane, die deutlich nervös geworden war. Ich ergriff die Flasche wieder und schüttelte sie etwas. Es passierte immer noch nichts. In einem Film über die High-Society wäre eine solche Situation sicher undenkbar. Wenn im Film der Champagnerkorken knallen soll, dann knallt er. Auf die Sekunde.

»Was jetzt?« fragte Mariane ratlos.

»Tja«, sagte ich, »wir müssen es wohl mit einem Korkenzieher versuchen.«

»Das geht nicht«, meinte der Verleger sofort.

»Vielleicht könnte man mit einem Messer vorsichtig den Korken anheben, ihm sozusagen auf den Weg helfen?« kam ein weiterer Vorschlag von Mariane. Bereitwillig ergriff ich ein Messer vom Silberbesteck und versuchte es. Immer noch kein Erfolg.

»Stellen Sie die Flasche doch mal mit Wucht auf den Tisch, vielleicht geht der Korken dann von allein los«, schlug der Verleger vor. Ich knallte die Flasche auf den Tisch. Unglücklicherweise traf ich dabei das äußerste Ende vom Griff eines Silberlöffels, der in einem kleinen Schälchen mit Preiselbeeren steckte – mit dem bedauerlichen Ergebnis, daß ein großer Klumpen roter Preiselbeeren auf der weißen Hemdbrust des Verlegers landete. Meine Ohren wurden merkwürdig weiß, ich war jedoch geistesgegenwärtig genug, eine Serviette zu ergreifen und die Beeren wegzureiben, so gut es eben ging. Zu spät merkte ich, daß ich mir genau die Serviette ergriffen hatte, mit der ich vorher eine nicht unansehnliche Pfütze Sauce Béarnaise von der Tischdecke abgewischt hatte, da ich bei einem früheren Gang etwas Pech mit der Soßenschüssel gehabt hatte. Die Hemdbrust sah nicht schön aus. Ich knöpfte den oberen Knopf des Verlegerjacketts zu. »So«, sagte ich, während ich ein deutliches Prickeln in den Haarwurzeln verspürte. »Dann

»Hätten Sie Interesse an einer Unfallversicherung? Niemand ist heutzutage sicher vor kleinen und großen Unfällen!«

»Na gut, also kriege ich keine zehntausend Mark für den Nerz, aber das kümmert mich einen Dreck – schließlich habe ich ja meinen Trenchcoat für hundert Mark!«

können wir uns wohl wieder der Béarnaise zuwenden . . . äh, dem Champagner!«

»Hauen Sie mal mit der Hand von unten kräftig darauf«, schlug der Verleger vor. Ich versuchte es. Der Korken blieb, wo er war.

»Heißt das, daß der Korken sich überhaupt nicht entfernen läßt?« fragte Mariane, alle Zeichen von Enttäuschung im Gesicht.

»Könnten Sie es nicht mit einer anderen Flasche versuchen?« meinte der Verleger. Aus guten Gründen zog ich es vor, diese Bemerkung zu überhören.

»Dann schütteln Sie sie noch ein letztes Mal, und hauen Sie noch mal drauf!« sagte er. Ich schüttelte kräftig die Flasche . . . und dann geschah es! *Pfuww!* machte es, und der Korken flog wie ein 30-mm-Projektil in den Mund des Verlegers, der ihn gerade geöffnet hatte, um noch einen guten Rat loszuwerden. Ein Strahl Champagner wie aus einer Feuerwehrspritze folgte und ließ ihn bis auf die Haut naß werden. Einige Sekunden stand ich völlig bewegungslos da, außerstande, irgend etwas zu tun. Dann riß ich mich jedoch zusammen und vermochte den Strahl in eine andere Richtung zu lenken. Endlich hörte der Druck auf, und ich konnte erleichtert aufatmen. Das konnte der Verleger nicht. Er griff sich an den Hals und lief plötzlich blau an. »Um Gottes willen!« schrie Mariane. »Der Korken! Er hat den Korken verschluckt! Er erstickt ja! Was sollen wir bloß . . .«

Sie jagte in die Küche, um den Korkenzieher zu holen. Ich aber gab dem Verleger schnell einen kräftigen Schlag auf den Rücken. Der Korken löste sich und flog quer über den Tisch. In dem Augenblick kam Mariane mit dem Korkenzieher angerannt. Ich winkte ab und gab ihr mit einem Blick zu verstehen, daß sie sich beruhigen und das Dessert servieren solle. Darauf ergriff ich die Champagnerflasche, um einzuschenken. Mit dem Rest der köstlichen Flüssigkeit ließ sich aber nicht einmal mehr ein Fingerhut füllen. Ich wußte, daß irgendwo im Keller noch eine Flasche Kirschwein stand. Es blieb nichts anderes übrig, als diese zu holen. Das Essen als solches, so groß unsere Anstrengungen auch waren, hat sich noch nicht durch höhere Honorare ausgewirkt.

Aber das kann ja noch kommen.

»Ich habe gehört, daß Sie wegen Ihrer Hand beim Arzt waren. Was haben Sie denn?«

Ich hatte es lange ertragen und mit mir selbst gekämpft, ohne jedoch etwas dagegen zu tun. Die Schmerzen zwangen mich aber schließlich dennoch dazu, unseren Hausarzt anzurufen und um einen Termin zu bitten. Als ich den Hörer abnahm, spürte ich, daß ich die Hand genauso krampfhaft darum klammerte, wie ich es auch beim Lenkrad in meinem Wagen tat. Der Wagen zog seit einiger Zeit stark nach rechts, in Richtung Straßengraben, und das machte sich auf die Dauer im Handgelenk bemerkbar, wenn man wie ich nur die linke Hand zur Verfügung hatte, da ich immer die beste Entspannung beim Fahren erreiche, wenn ich mit der linken Hand lenke, während der rechte Arm entspannt auf der Rückenlehne des rechten Vordersitzes ruht.

Am nächsten Tag suchte ich unseren Arzt auf, und als er mich nach meinen Fahrgewohnheiten befragt hatte, kam prompt die Diagnose. Hart und gnadenlos sagte er mir die volle Wahrheit direkt ins Gesicht.

»Sind Sie ganz sicher, Herr Doktor?« fragte ich ängstlich.

»Ganz sicher«, nickte er.

»Das war das Schlimmste, was mir passieren konnte«, murmelte ich deprimiert.

»Das ist doch Unsinn! Ich schreibe Ihnen ein paar Pillen auf, und nach einer Woche ist Ihre Hand wieder in Ordnung, vorausgesetzt, Sie ändern Ihre Fahrgewohnheiten und lenken mit beiden Händen. Eine Sehnenscheidenentzündung ist heutzutage nichts Schlimmes.«

»Das mag sein, aber sehen Sie, Herr Doktor, ich hatte schon einmal eine, als der Wagen eine Zeitlang immer nach links zur Fahrbahnmitte hin zog. Und die Leute amüsierten sich hemmungslos über mich, sie lachten mir sogar offen ins Gesicht, wenn ich ihnen erzählte, daß ich eine Sehnenheidenschaut . . .«

»Sehnenscheidenentzündung.«

»Ja, genau. Ich habe immer Schwierigkeiten mit diesem Wort, meine Zunge verknotet sich dabei, wenn ich versuche, es auszusprechen: Hehnenseidenschaut . . . Scheinenseiden . . .«

»Sehnenscheidenhaut! Das ist doch ganz einfach!«

»Für Sie vielleicht, Herr Doktor! Aber nicht für mich. Sie benutzen das Wort sicherlich mehrmals täglich, ich aber sage nicht so oft Sehnenhauden . . . Heidenscheinen . . .«

Ich gab's auf. Der Artz klopfte mir aufmunternd auf die Schulter, gab mir mein Rezept, und ich fuhr nach Hause.

»Na«, sagte Mariane. »Was hast du denn?«

»Nichts Besonderes«, wich ich aus.

»Irgend etwas muß es doch sein«, bohrte sie. »Was sagte denn der Arzt?«

»Eine leichte Überanstrengung des Handgelenks, weil der Wagen zu stark nach rechts zieht, wenn ich fahre . . .«

»Etwa Muskelgicht?«

»Nein, bloß eine Scheidensehnen . . . Heinenschauden . . . Sehnenheidenschautenhaut . . .«

Mariane lächelte.

»Ob ich wen sehen will? Lady Godiva? Ist sie im Fernsehen oder was?«

»Nach dem nächsten Drink falle ich auf Sie rein und gebe Ihnen meine Telefonnummer.«

»Was wolltest du eigentlich sagen?«

»Scheidensehenschautenhaut ...«

Jetzt lachte sie laut und unbeherrscht.

»O nein! Schon wieder!« gluckste sie. »Ist das ein Spaß, wenn du eine Sehnenscheidenhautentzündung hast! Ich begreife nicht, daß es so schwierig sein kann, das Wort auszusprechen. Du sprichst viel zu schnell ... sag das Wort doch mal ganz langsam und deutlich und natürlich, dann geht es ganz von selbst. Versuch's noch einmal.«

Ich versuchte es noch einmal, langsam, deutlich und natürlich.

»Sehnen ... schauden ... nein, haut ... scheinen ... Sehnenhautensein ...«

Ich kapitulierte endgültig und zog mich zu meiner Zeitung und meiner Pfeife ins Wohnzimmer zurück. Zehn Minuten später tauchte Benny auf. Sein interessierter Gesichtsausdruck verriert mir sofort, daß seine Mutter ihn schon informiert hatte.

»Was war denn eigentlich mit deiner Hand los?« fragte er betont gleichgültig.

»Eine leichte Verstauchung«, log ich.

»Das stimmt nicht! Mama sagt, daß ...«

»Was sagt sie?«

»Nichts. Aber du kannst mir doch ruhig erzählen, was los ist. Ich habe doch ganz höflich gefragt.«

»Das könnte dir so passen, du Bengel! Du willst dich doch nur über mich lustig machen, wenn ich Sehnenscheiden ... Heinenschauten ... ach, hör doch auf! Und hau bloß ab!«

Er verschwand grinsend. Am Abend erwarteten wir Besuch von unseren Freunden, den Thomasens. Im Geiste sah ich schon vor mir, wie ich wieder ausgelacht werden würde, aber da wollte ich einen Riegel vorschieben.

Ich erhob mich resolut und rief unseren Hausarzt an. Mit der Beantwortung meiner Frage war er mir außerordentlich behilflich, so daß ich bedeutend besser gelaunt das Kommen der Gäste abwartete.

Wir hatten uns kaum an den Tisch gesetzt, als Thomasen sich schon nach meiner Hand erkundigte.

»Ich habe gehört, daß Sie wegen Ihrer Hand beim Arzt waren«, begann er, ohne mich dabei anzusehen. »Was haben Sie denn?« Offenbar wollte er eine große Nummer aus meinen Schwierigkeiten machen, dieses blöde Wort auszusprechen.

Ich setzte meine Kaffeetasse ab.

»Das will ich Ihnen gerne sagen. Ich klammere mich zu stark am Lenkrad fest, wenn ich fahre, weil der Wagen nach rechts zieht, und daher habe ich eine lokale chronische Tendovaginitis, eine kosmetisch störende Handrückenmyose. Der lateinische Ausdruck ist wie gesagt Tendovaginitis, sonst gibt es wohl auch kein passendes Wort dafür.«

Thomasen tappte geradeaus in die Falle.

»Ja, aber«, sagte er, »das ist doch eine ganz gewöhnliche Sehnenschaudenheit . . . Hehnenseidenscheit . . . Scheidenhehnensaut . . .«

»Genau!«

»Fahr doch mal raus! Nimm den Wagen, und mach eine schöne, lange Fahrt hinaus in die Natur. Wozu haben wir denn die Natur und das Auto!«

Wenn die Plackerei der Woche zu Ende ist und ich am Freitagnachmittag die Schutzhülle über meine Schreibmaschine werfe, dann kann es manchmal ein Freitag sein, an dem ich physisch und psychisch total fertig bin und nicht einmal die Kraft haben würde zu protestieren, falls mich jemand auf den Schrotthaufen an der städtischen Mülldeponie fahren wollte. Am vergangenen Freitag hatte ich das Gefühl, meine Nervenstränge seien so sehr angespannt, daß eine Harfenspielerin ohne weiteres eine Trauersymphonie darauf hätte zum besten geben können.

»Ich halte das nicht noch eine Woche aus«, sagte ich zu Mariane. »Wenn ich mich nicht bald etwas entspanne, ist es mit mir aus und vorbei.«

»Fahr doch mal raus«, schlug Mariane vor. »Nimm den Wagen, und mach eine schöne, lange Fahrt hinaus in die Natur. Wozu haben wir denn die Natur und das Auto!«

»Eine Fahrt? Wohin?«

»Hinaus in die Buchenwälder, zu den Feldern, Seen und Landschaften. Es gibt so viel Schönes zu sehen in unserem herrlichen Land. Wiesen und Moore, Heuhaufen, Kühe und Schafe, überall grasende Tiere. Halte auf einem Hügel an und genieße die Aussicht, entspanne dich für einen Moment am Straßenrand, mach es wie alle anderen auch, unternimm eine ruhige, kleine Fahrt ins Wochenende, und werde ein neuer Mensch . . .«

»Gut, aber dann mußt du mitfahren.«

»Das geht nicht. Du weißt doch, daß Mutter kommt. Es wird dir aber guttun, allein zu fahren . . . in Ruhe und Frieden, ganz allein.«

Ich fuhr also los. Nach zwei Stunden und fünfunddreißig Minuten war ich zurück.

»Na, wo warst du?« fragte Mariane.

»Ganz in Düllenhausen«, antwortete ich stolz und sank mit einem kühlen Pils aufs Sofa. »257 Kilometer in zweieinhalb Stunden, das ist doch eine Leistung, oder? Bei dem Verkehr! Ich hatte allerdings auch ein paar Überholmanöver zu überstehen, die schon hart an russisches Roulette grenzten, das muß ich schon sagen!«

»Dann warst du wohl auch auf dem Düllenhausener Berg?« fragte Schwiegermutter. »In dieser Jahreszeit soll es da sehr hübsch sein. Stimmt es, daß man von da oben dreizehn Kirchtürme sehen kann?«

»Dreizehn Kirchtürme! Keine Ahnung, auf der ganzen Strecke von Röddingborg aus lag ich zwischen schwedischen Ausflugsbussen eingeklemmt. Die fuhren wie die Teufel, wahrscheinlich wollten sie die Fähre noch erreichen, und es herrschte ein so starker Gegenverkehr, daß an ein Überholen nicht zu denken war. Auf einem Hügelkamm mußte ich fast bis in den gegenüberliegenden Straßengraben, bis es mir endlich gelang, die Schweden hinter mir zu lassen. So etwas kann einem aber den Schweiß ins Gesicht treiben, das kann ich dir sagen!«

»Dann warst du also nicht auf dem Düllenhausener Berg?«

»Nicht schlecht, Liebling. Hätte die Kugel mitten auf einem Maulwurfshügel gelegen, dann hättest du getroffen!«

»Heute ist Muttertag? Himmel! Und ich habe gar nichts eingekauft, daß ich dir ein Festessen auftischen könnte!«

»Wo denkst du hin! Ich hatte genug mit Überholen zu tun. Auf dieser Strecke ... an einem Wochenende, an dem sich alle Idioten draußen tummeln ... da heißt es nur die Ohren steifhalten! Und voranzukommen!«

»Bist du durch Näsköbing gekommen und durch die Wälder bei Springenborg? Da ist es auch sehr schön.«

»Näsköbing? Das weiß ich nicht. Bei Skappenborg wurde ich von einem kleinen aufgebohrten Renault überholt. Das war mir dann doch zuviel, so einem kleinen Hupfer zu unterliegen, wenn man selbst einen Pallas fährt, der in der Spitze seine 320 bringt! Ich legte also meinen Bleifuß drauf und überholte ihn ein paar Kilometer weiter. Es mag sein, daß es in der Nähe von Näsköbing war. Jedenfalls waren da jede Menge 70-km- und 50-km-Schilder, aber die habe ich großzügig übersehen. Ich mußte ja diesen kleinen Renault schaffen!«

»Ist die Allee bei Lerchenholm noch genauso schön wie letztes Jahr, als wir da waren? Du bist doch sicherlich dort entlanggekommen und hast alles wiedererkannt.«

»Lerchenholm? Ja, das ist vielleicht eine Sauerei mit all den Straßenbäumen! Nicht zu begreifen, daß die nicht gefällt werden! Als ich bei Lerchenholm einen Deutschen überholen wollte, hätte er mich fast zwischen die Bäume gedrängt, aber in einer Kurve kurz danach konnte ich mich rächen. Ihr hättet mal sehen sollen, wie ich auf zwei Rädern an ihm vorbeipreschte ... es hat richtig gekreischt ... Mann, der Kerl hat vielleicht gehupt!«

»Hast du ein paar grüne Zweige oder Blumen aus dem Straßengraben mitgebracht?«

»Grüne Zweige? Nein, meine Liebe, ich hatte genügend andere Dinge im Kopf. Während der Fahrt überholte ich mit Sicherheit mehr als vierhundert Autos, darunter mehrere große Mercedes, einen Jaguar, einen italienischen Esta-Sport-Special 350 S und einen Aston Martin, weißt du, den gleichen, mit dem damals James Bond . . .«

»Willst du etwa sagen, daß du überhaupt nichts gesehen hast?«

»Nichts gesehen?« wiederholte ich aufgebracht. »Ich kann dir sagen, man muß die Augen offenhalten, wenn man bei dem Verkehr Slalom fahren muß . . . und alle Sonntagsfahrer auf einmal unterwegs sind! Auf der Kurvenstrecke bei Kirchenholm hatte ich außerdem noch eine Verkehrsstreife im Nacken, aber die habe ich schnell abgeschüttelt.«

»Es war also eine schöne Fahrt?«

»Ja, es ärgert mich nur, daß ich so lange Zeit brauchte, um diesen verrückten kleinen Renault zu überholen. Aber der Fahrer holte nun auch das Äußerste aus dem Wagen heraus, und . . .«

Mariane blickte mich traurig an.

»Jetzt hast du so eine schöne Wochenendfahrt gemacht, durch einige unserer schönsten Landschaften, aber ehrlich gesagt, du scheinst dich überhaupt nicht entspannt zu haben«, sagte sie. »Sieh doch mal, wie deine Hände zittern und wie du die Zähne zusammenbeißt!«

Ich ging hinüber und schloß das Fenster.

»Der Lärm von den vielen Mopeds geht mir auf die Nerven«, sagte ich. »Die jungen Leute fahren ja auch heute viel zu rücksichtslos . . . und das an einem Sonnabendnachmittag, wenn man sich nach einer Woche harter Plackerei im Büro nach ein klein wenig Ruhe sehnt!«

»Ruf doch bei Thomasen an, und laß dir von ihm ein weißes Hemd geben«, löste Mariane das Problem . . .

Kein Wunder, daß auf der Erde immer noch primitive Völker leben, die sich hartnäckig weigern, zivilisiert zu werden, und es vorziehen, auf ihrer Steinzeitstufe stehenzubleiben, wo nur eine einzige Forderung an sie gestellt wird – jedenfalls, was ihre Bekleidung angeht –, nämlich, sich einen Fetzen Lendenschurz umzubinden und sich vielleicht bei Opferfesten oder ähnlichem eine Maske vor das Gesicht und etwas roten Lehm, vermischt mit Kuhdung, auf die Wangen zu tun. Ich weiß, was diese Völker abschreckt. Es ist die Angst, eines Tages ein derart fortgeschrittenes Stadium der Zivilisation zu erreichen, daß sie bei besonderen Gelegenheiten gezwungen sind, sich dieses blödsinnige Festfutteral anzulegen, das auch die Bezeichnung »Frack« trägt, ein Futteral, in das ich gestern abend selbst hineinzusteigen versuchte. Der Anlaß dazu war, daß mein Verleger sein 25jähriges Geschäftsjubiläum feiern wollte, und der Einladung zufolge war Gesellschaftsanzug vorgeschrieben.

»Sag mal«, rief ich, fast schon in Panik, »habe ich kein weißes Hemd?«

»Natürlich hast du das.«

Ich räumte den Kleiderschrank aus und riß sämtliche Schubladen heraus. Kein weißes Hemd. Mariane kam hinzu.

»Laß mich mal ...«, meinte sie und schob mich weg. Minuziös durchsuchte sie meine Stapel Hemden. Es zeigte sich, daß das weiße in der Wäsche war.

»Wie wäre es mit diesem rotkarierten? Kann ich nicht das nehmen?«

Ich konnte nicht. Ob ich wohl nicht ganz bei Trost sei?

»Ruf doch bei Thomasen an, und laß dir von ihm ein weißes Hemd geben«, löste Mariane das Problem, und ich rief bei Thomasen an. Er erwies sich als echter Freund und versprach, umgehend per Taxi ein weißes Hemd zu schicken.

Fünf Minuten später durchzuckte mich Schrecken Nummer zwei. Die Schachtel mit den Brust- und Kragenknöpfen war leer. Das war ungefähr das Schlimmste, was passieren konnte. Beim Frack sind es nämlich – jeder Besitzer eines derartigen Kleidungsstückes wird mir hier zustimmen – die Brust- und Kragenknöpfe, die den ganzen Klimbim zusammenhalten. Sie sind genauso unentbehrlich wie die Reifen bei einem Auto, wie das Pferd bei einem Sattel, wie das Schnäpschen zum sauren Hering, wie ... Moment mal! Ich hatte sie verliehen. Aber an wen?

»Ich kann meine Kragenknöpfe nicht finden, Mariane. Kann ich nicht den schwarzen Rollkragenpullover anziehen?«

»Natürlich nicht, Menschenskind! Ruf irgend jemand an und leih dir welche.«

Ich rief Thomasen an. Besetzt! Die Zeit drängte. Anstatt es also später noch einmal zu versuchen, rief ich Karl-Günther an. Ob er Brust- und Kragenknöpfe besitze? Ja, sicher. Für einen Frack? Genau. Ob er sie mir leihen und so schnell wie möglich schicken könne ... auf meine Rechnung, mit dem Taxi? Ja, das werde er tun.

»Wann hört euer Kabarett endlich auf – damit ich in Ruhe essen kann?«

»Heute siehst du schon viel besser aus!«

Damit war das Problem gelöst.

Ich zog die schwarzen Seidensocken an und öffnete die Schublade, in der die weiße Fliege liegen sollte. Sie war nicht da. Schon völlig außer mir, begann ich zu suchen – die Fliege wollte sich nicht finden lassen.

»Mariane! Kann ich nicht meinen schicken neuen Schlips umbinden, den mit dem Weinrankenmuster, weißt du . . . statt der Fliege?«

Es war eine dumme Frage. Ich wußte es schon, bevor ich zu Ende gefragt hatte. Daher wartete ich ihre Antwort gar nicht erst ab, sondern rief resolut Thomasen an. Er meldete sich nicht. Ich versuchte es bei Karl-Günther. Besetzt. Schließlich erreichte ich meinen Kollegen Klaus Rifdahl. Natürlich könne ich seine weiße Fliege leihen, das sei doch selbstverständlich. Ob ich sonst noch etwas benötige? Ich bat ihn, einen Augenblick zu warten, während ich nachsah. Doch, eine weiße Weste, meine eigene war reichlich eng.

»Ja, eine weiße Weste. Zu einem Frack. Läßt sich das machen?«

Es ließ sich. Er versprach, ein Taxi zu schicken.

Nach und nach fuhren die Droschken an, und nach und nach verwandelte ich mich aus einem Mann in Unterhemd, knielangen Unterhosen und Sockenhaltern in einen Herrn im Frack. Als ich wegen dieses elenden schwarz-weißen Festfutterals kaum noch einen Finger bewegen konnte, wegen des störenden steifen Kragens den Kopf nicht einmal einen Viertelmillimeter drehen konnte, wegen des viel zu engen Hemdes außerstande war, tief einzuatmen, und die eng anliegenden Beinkleider mir Magenschmerzen beschert hatten, machte ich Mariane durch Zeichen klar, daß ich fertig sei und wir uns auf den Weg begeben könnten.

Steif wie ein Brett erreichte ich den Festsaal, derartig grauenvoll in mein feierliches Gewand verpackt, daß ich nichts anderes einigermaßen ungehindert bewegen konnte als meine Augen.

Der Reihe nach erschienen Thomasen, Karl-Günther und Klaus Rifdahl, die auch eingeladen waren. Jeder gab mir einen herzlichen Händedruck.

»Vielen Dank für den Anruf«, sagten sie. Ohne weißes Hemd, ohne Brust- und Kragenknöpfe, ohne weiße Fliege und weiße Weste hatten sie sich leider außerstande gesehen, sich standesgemäß anzuziehen.

Während der ganzen geglückten Feier sprangen sie in ihren dunkelblauen Anzügen herum wie Fische im Wasser und amüsierten sich köstlich.

»Ich fahre am besten, wenn ich ein klein wenig intus habe. Und außerdem habe ich ja meine Frau, die paßt schon auf, daß ich immer geradeaus fahre!«

Die meisten Menschen sehnen sich nach Reichtum, Macht und Einfluß. Ich persönlich sehne mich eher nach eingelegtem Hering . . . und den findet man ja zum Glück immer noch auf den meisten reichgedeckten Tischen in den Dorfkrügen überall an den Landstraßen. Und wenn man sich die Heringe und den Curry-Salat und die gebratenen Hähnchenschenkel zu Gemüte geführt hat und das alles sich in ein paar kleinen Schnäpschen tummeln darf . . . ja, dann ist die Zeit gekommen, wo man getrost seinen Autoschlüssel vergessen und Muttern fahren lassen kann. Diese gute Regel vergaß ich letzten Sonntag.

Wir machten eine kurze Fahrt aufs Land, Mariane und ich. In einem gemütlichen kleinen Dorfkrug nahmen wir ein gemütliches kleines Essen zu uns. Mit allem, was dazu gehört. Es wurde schon dunkel, mein Schnapsglas war endgültig leer, es war Zeit, nach Hause zu fahren. Ich half Mariane in den Mantel und holte die Autoschlüssel hervor. Der Ober fragte, ob es nicht besser sei, daß ich meine Frau fahren ließe. Oder ob er ein Taxi rufen sollte.

»Mit mir ist alles in Ordnung, mein Herr«, sagte ich und legte dem Mann beruhigend die Hand auf die Schulter. »Ich fahre am besten, wenn ich ein klein wenig intus habe. Und außerdem habe ich ja meine Frau, die paßt schon auf, daß ich immer geradeaus fahre!«

Dann gingen wir in die Dämmerung hinaus und fanden auch unser Auto. Ich kletterte an Bord – plötzlich bekam ich einen Schreck.

»Verdammt noch mal«, rief ich aus. »Irgend jemand hat das gesamte Cockpit entfernt, Lenkrad, Pedale, nichts ist mehr da!«

»Quatsch!« meinte Mariane. »Du bist nur auf den Rücksitz gekrochen. Meinst du nicht doch, daß ich lieber fahren sollte?«

»Unsinn . . . die paar Gläschen. Das ist alles schon längst verdunstet. Ich bin jetzt so nüchtern wie eine ganze Limonadenfabrik.« Ich kantete mich hinter das Lenkrad. Der Wagen sprang an.

»Sag mal, wer streut denn hier dauernd Zigarrenasche über mein schönes neues Hemd? Hoppla, das war wohl der Rückwärtsgang. Na ja, wird Zeit, daß wir losfahren. Je schneller wir fahren, um so geringer werden die Chancen, daß wir gefaßt werden!«

Nach einiger Zeit fanden wir den Weg auf die Landstraße. Plötzlich gab Mariane ein Geheul von sich. Ich stieg sofort auf die Bremsen.

»Hast du den kleinen Renault denn nicht gesehen?« fragte sie außer Atem.

»Einen kleinen Renault? Der muß schon *sehr* klein gewesen sein!«

In zügigem Tempo fuhren wir weiter. Wir waren eine Viertelstunde gefahren, ich döste vor mich hin, als Mariane plötzlich aufschrie:

»Bremsen! DER ZUG!«

Ich fuhr zusammen, gab Vollgas und zwängte mich über den Eisenbahnübergang. Guter Stil! Der heranbrausende Milchkannenexpreß schaffte es gerade noch, das verchromte Ende meines Auspuffs abzuschneiden.

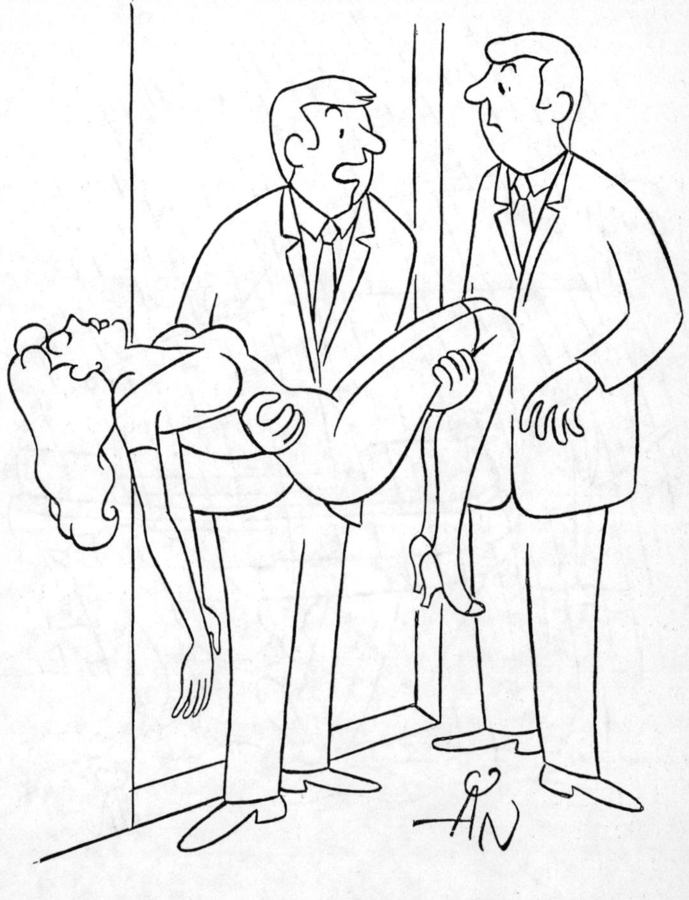

Entschuldigung, daß wir so spät kommen. Aber Maria machte Frühjahrsputz, und die Kinder waren unausstehlich . . .«

»Ich gebe zu . . . gib mir mal eben den Schraubenzieher . . . ich gebe zu, diesmal ist der Muttertag eine Enttäuschung für dich, Anni . . .«

»Du bist wohl von Sinnen, so durchzupreschen!«

»Na ja . . . jetzt nicht grob werden! Es gibt immer noch etwas, das Vorfahrt heißt!«

»Hast du denn das rote Blinklicht nicht gesehen?«

»Welches Blinklicht? Natürlich habe ich es gesehen. Aber wenn so ein kleiner Mistzug es derart eilig hat, muß er doch früher von zu Hause losfahren! Wir privaten Autofahrer haben auch noch ein paar Rechte. Schließlich bezahlen wir Steuern!«

Ich gab etwas mehr Gas. Ein paar Kilometer ging es prima. Ich döste wieder etwas, als plötzlich eine grelle, warnende Hupe ertönte, aber es passierte nichts. Ich schaffte es. In sehr, sehr gutem Stil.

»Hast du das Schild nicht gesehen? Hauptstraße! Das Stoppschild bedeutet doch Anhalten! Du bist ohne anzuhalten weitergefahren!«

»Gut, gut, aber auch wenn die Leute auf der Hauptstraße fahren, gehört ihnen noch lange nicht das ganze Land.«

»Vorsicht . . . du darfst doch nicht am Berg überholen.«

»Wo steht das geschrieben? Wir leben in einem freien Land! Ha! Hast du gesehen, wie dieser kleine Fiat auf den Seitenstreifen mußte? Oh . . . war das etwa die Polizei? Dann müssen wir wohl zusehen, daß wir wegkommen. Wir nehmen einfach den kleinen Feldweg da vorne . . . was ist denn das schon wieder? Gackerst du etwa so? Hast du ein Ei gelegt?«

»Du bist durch einen Hühnerhof gefahren.«

»Hühnerhof? Guck mal . . . es schneit!«

»Das ist kein Schnee. Das sind Hühnerfedern.«

»Ich hatte den Eindruck, daß da eine Kurve . . .«

»Da war auch eine Kurve. Du bist nur in der falschen Richtung abgebogen.«

»Das läßt sich ja ändern. Wir können hier wenden.«

Ich wendete den Wagen auf einem kleinen, kiesbestreuten Platz mitten im Dorf. Beim Rückwärtsfahren hörte ich ein gewaltiges Klirren von berstendem Glas.

»Du bist in das Schaufenster eines Supermarktes gefahren. Ich glaube, jetzt muß ich wohl lieber . . .«

»Supermarkt? Wolltest du etwas einkaufen? Das ist ja grober Unfug, einen Supermarkt mitten auf die Fahrbahn zu stellen! Laß uns bloß nach Hause kommen. Ich sehne mich nach meinem Bett!«

Ich fand den Weg zurück zur Hauptstraße. Plötzlich hörte ich eine Polizeisirene. Ich wollte den Polizisten nicht im Wege sein, wenn sie es eilig hatten – also bog ich in die erstbeste Nebenstraße ein. Das Sirenengeheul blieb hinter mir. Ich trat das Gaspedal ganz durch. Es waren nur noch fünf oder sechs Kilometer bis nach Hause.

»Warum hältst du nicht an und fragst sie, ob sie etwas von dir wollen?«

»Nein, danke. Ich bin nicht neugierig.«

Es gelang mir, ihnen zu entwischen. Zehn Minuten später fuhr ich den Wagen in die Garage. »Osten oder Westen, zu Hause ist's am besten«, atmete ich erleichtert auf, als wir im Flur standen und ich Mariane galant aus dem Mantel half. In diesem Moment schrillte die Türglocke. Ich öffnete. Zwei grimmige, breitschultrige Beamte füllten die Türöffnung aus.

»Hallo, Freunde«, sagte ich munter. »Kommt doch auf einen Schluck herein! Wird euch guttun, wenn ihr die ganze Zeit draußen sein müßt!«

Sie waren an meiner Gastfreundschaft überhaupt nicht interessiert. Sie sagten, sie wollten mich nur zu einem kleinen Spielchen abholen.

Ballons aufblasen!

»Sagen Sie mal, ich hörte, Sie waren auf den Kanarischen Inseln. Wie war's denn da unten?«

Wir waren bei Abteilungsleiter Finkelberg zum Essen eingeladen. Die Familie war gerade von einer dreiwöchigen Reise auf die Kanarischen Inseln heimgekehrt. Es war ihre erste große Auslandsreise gewesen; wir wußten also recht gut, warum sie uns eingeladen hatten, und ich verspürte keine Begeisterung bei dem Gedanken, den ganzen Abend dasitzen und mir Reiseerlebnisse anhören zu müssen. »Wenn bloß seine Filme nicht allzu schlecht sind!« seufzte ich, als Mariane und ich im Wagen unterwegs waren. »Ich habe immer noch nicht Halmströms todlangweilige Farbdias von Rhodos verdaut. Meine Güte, war das ein Abend!«

»Denk dran, wie gerne du selbst deine Filme zeigst, wenn wir im Süden waren«, wurden die Freunde des Hauses von Mariane verteidigt.

»Das ist doch etwas ganz anderes. Meine Schmalfilme sind Spitzenklasse, und sie werden auf einer richtigen Leinwand vorgeführt, nicht auf solch einem lächerlichen Stück Handtuch wie letztens bei Nyberg. Der mit seinen ägyptischen Farbdias!«

Wir waren an der kleinen Vorortvilla angekommen, wo der Abteilungsleiter residierte, und wurden hereingebeten. Ich wartete, bis Frau Finkelberg den Kalbsbraten ein zweites Mal herumgereicht und ich den schlimmsten Hunger gestillt hatte, bis ich das Thema zur Sprache brachte ... eigentlich mehr, damit ich es überstanden hatte, als aus wirklichem Interesse, denn im Grunde ist es ja im Süden überall das gleiche: Palmen, Sand, Fliegen, Touristen und bettelnde Kinder.

»Sagen Sie mal«, begann ich und versuchte, meiner Stimme einen interessierten Klang zu geben, »ich hörte, Sie waren auf den Kanarischen Inseln. Wie war's denn da unten?«

»Es war eigentlich sehr schön«, antwortete Finkelberg und linste nach der Soßenschüssel. »Aber im großen und ganzen ist es ja doch im Süden überall das gleiche, nicht wahr? Palmen, Sand, Touristen, Fliegen, Dreck und Bettelei. Gibst du mir bitte mal die Soße, Ellen?«

Finkelberg begann, über Trabrennen zu sprechen. Er hat selbst ein Pferd laufen. Ich war etwas aus dem Konzept gebracht.

»Wie war denn das Wetter da unten?« versuchte ich es erneut. Normalerweise gibt dieses Thema ausreichend Stoff für eine größere Abhandlung über die enormen Temperaturschwankungen, angefangen bei der nicht auszuhaltenden Hitze während der Siesta bis zu den kühlen Nächten.

»Das Klima?« meinte Finkelberg. »Eigentlich ganz gut. O bitte, reich mir doch mal den Gurkensalat.«

»War es Ihnen nachts warm genug ... ich denke an die leichten Decken, die es im Süden nur gibt.«

»Wir hatten Federbetten«, sagte Frau Finkelberg.

Dann sprach Finkelberg über die derzeitige Regierung. Er war dagegen.

»Waren Sie zum Stierkampf?« fragte Mariane. Nachdem Finkelberg kurz genickt hatte, fuhr sie fort: »Das ist

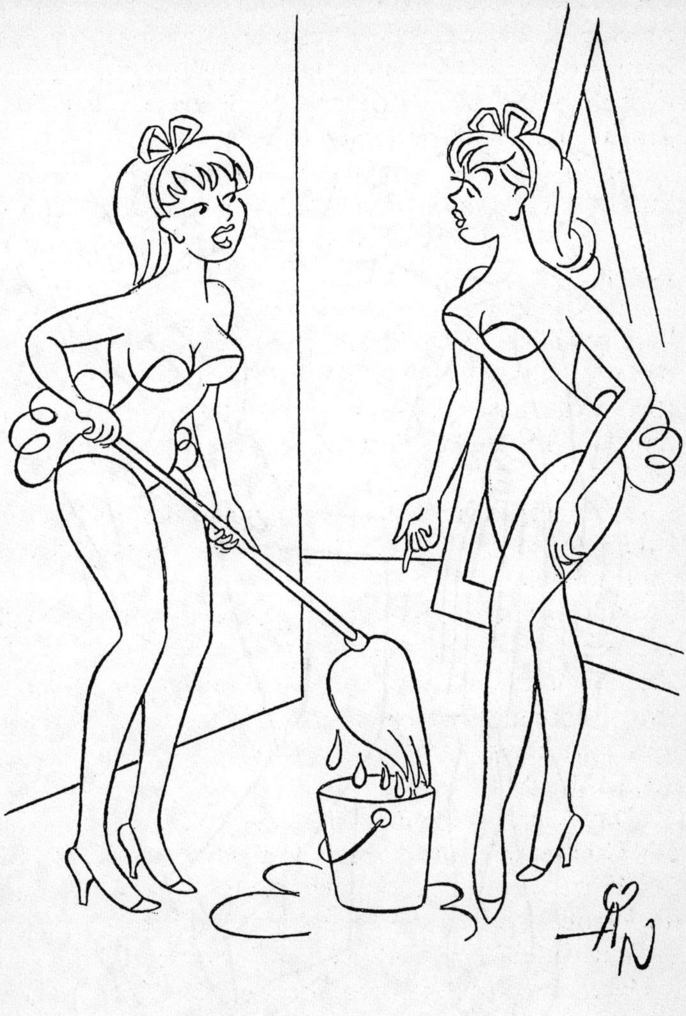

»Ich habe vergessen, all das Kleingedruckte zu lesen, das auf der Rückseite des Vertrages stand.«

»Du bist viel attraktiver als die Kleine, mit der ich vorhin kam – du bist doch eine andere, oder?«

ja eine fürchterliche Tierquälerei. Ich habe gehört, daß es in den kleinen Arenen in Las Palmas und Puerto de la Cruz besonders schlimm sein soll.«

»Es war wie immer. Sechs Stiere.«

Finkelberg versuchte, eine Diskussion über die Wirtschaftspolitik und die hohen Steuern anzufangen.

»Waren Sie auf Lanzarote?« bohrte ich. »Dort soll es ja ganz phantastisch sein. Soweit ich weiß, gibt es da noch aktive Vulkane. Man kann in der Lava sogar Eier kochen. Stimmt das?«

»Ja, das stimmt«, meinte Finkelberg.

»Man hört so viel von diesen hübschen geknüpften Tischdecken«, sagte Mariane. »Haben Sie eine mitgebracht?«

Frau Finkelberg nickte.

»Stimmt es, daß sie von acht- bis zehnjährigen Mädchen geknüpft werden, weil diese mit ihren schlanken Händen die feinen, kleinen Knoten besser knüpfen können?«

»Ja, so ist es wohl«, antwortete Frau Finkelberg.

»Wir würden die Tischdecke sehr gern sehen«, setzte Mariane hinzu.

»Ach, die sieht aus wie alle anderen geknüpften Tischdecken auch«, meinte Frau Finkelberg und erhob sich, um das Dessert zu holen.

»Man sagt, Sie waren auch auf einer Tagestour in die frühere spanische Sahara«, fing ich wieder an. »Das war bestimmt ein phantastisches Erlebnis.«

»Es war sehr heiß«, sagte Finkelberg und schenkte Madeira ein.

»Wir haben ein wenig im Reiseprospekt geblättert; es steht darin, daß man auch in ein richtiges Beduinenzelt kommt, wo es Minzentee und Hammelkeule am Spieß gibt. Ist Minzentee nicht fürchterlich süß . . . den kann man doch eigentlich gar nicht trinken, oder?«

»Doch, es ging ganz gut. Lassen Sie uns noch einmal anstoßen. Prost!«

»Kuskus«, sagte ich, »diese schlimme arabische Speise, haben Sie die probiert? Woraus besteht die eigentlich, ist es nicht saure Ziegenmilch und quabbeliges Hammelfleisch?«

»So ungefähr«, antwortete Finkelberg. Kurz darauf hob er die Tafel auf, und wir begaben uns in den Salon, wo Kaffee und Cognac serviert wurden.

»Haben Sie da unten auch gefilmt?« wollte ich wissen.

»Ja, ich habe inzwischen alles zu einem Film von einer dreiviertel Stunde Dauer zusammengeschnitten.«

»Das hört sich ja interessant an. Können wir den Film sehen, wenn wir Kaffee getrunken haben?«

Finkelberg schenkte zum zweiten Mal Cognac ein.

»Ich will ja nicht unhöflich sein«, sagte er. »Aber Ellen und ich haben ihn schon zwei- oder dreimal gesehen, und ich meine, wir haben es im Augenblick auch ohne Film sehr gemütlich. Die ganzen Sachen jetzt noch aufbauen, Projektor, Tonbandgerät, Leinwand und so weiter, ehrlich gesagt, ich möchte es lieber bleibenlassen. Urlaubsfilme sind ja doch alle gleich. Lassen Sie uns lieber noch einmal anstoßen. Wie wäre es mit einer Runde Bridge?«

Wir spielten bis zwei Uhr nachts.

»Wenn ich es richtig mitgekriegt habe«, sagte ich, als wir aufbrachen, »waren die Kanarischen Inseln wohl eher eine Enttäuschung, oder? Wo fahren Sie nächstes Jahr hin?«

Finkelberg half mir in den Mantel.

»Kanarische Inseln«, sagte er.

»Wenn Sie im Laufe des Abends nichts Besseres finden, würde ich Sie gern nach Hause bringen.«

»Der neue Hut? Das kommt davon, wenn du mich eine halbe Stunde vor einem Hutgeschäft warten läßt.«

»Jetzt tu bloß nicht so, als seist du derart in deine Arbeit vertieft, daß du nicht weißt, wie spät es ist!«

Ich saß über meine Schreibmaschine gebeugt, angestrengt arbeitend, als Mariane ihren Kopf hereinstreckte.

»Jetzt tu bloß nicht so, als seist du derart in deine Arbeit vertieft, daß du nicht weißt, wie spät es ist.«

Ich wandte ihr halb das Gesicht zu und blickte sie mit einem fernen, abwesenden Ausdruck an.

»Sagtest du etwas, Schatz?«

»Ja, natürlich! Es ist schon nach sieben. Du mußt dich fertig machen.«

»Mich fertig machen? Ich glaube, ich verstehe nicht richtig . . .«

»Du kannst dir dein vergeistigtes Gesicht sparen. Du weißt ganz genau, was ich meine. Den Kammermusikabend.«

»Das ist doch erst morgen. Bis dahin . . .«

»O nein! Geht das jetzt schon wieder los? Du weißt ganz genau, daß heute Sonntag ist. Es ist deutlich vom Kalenderblatt vor dir abzulesen. Und da der Veranstalter so nett war, uns Freikarten zu schicken, müssen wir uns da auch zeigen und . . .«

Ich blickte auf meine Uhr.

»Es ist doch schon viel zu spät. Bevor ich mich umgezogen habe und . . .«

Marianes Blick durchbohrte mich, nadelspitz und frisch geschliffen. Ich erhob mich von meinem Stuhl.

»Okay, Schatz ... wir können ja versuchen, ob wir es schaffen. Hast du ein Hemd herausgelegt?«

Ich lockerte den Schlips.

»Es liegt alles schon im Schlafzimmer.«

Ich begab mich also dorthin und fing an, mich auszuziehen. Der Abend war verdorben. Abgesehen von Brotsuppe, Kurkonzerten und einem Paar drückender Schuhe gibt es für mich nichts Schlimmeres als Kammermusik. Als Mariane zehn Minuten später hereinkam, um nachzusehen, wie weit ich war, lag ich in meinem Bett und hatte die Decke ganz hochgezogen. Über den Kopf.

»Ja, aber ... was soll denn das schon wieder bedeuten?«

Ich fuhr hoch. »Was ist passiert? Brennt das Haus?«

»Du hast dich ja ausgezogen und bist ins Bett gegangen. Sag mal, bist du eigentlich ganz beieinander?«

Ich sprang aus dem Bett.

»Der Kammermusikabend!« rief ich. »Jetzt erinnere ich mich! Ich muß so müde und gestreßt und ausgebrannt und überarbeitet gewesen sein, daß ich, ohne nachzudenken, einfach den Pyjama angezogen habe ... und nicht das Hemd. Ich muß wohl geglaubt haben, daß es Zeit ist, zu Bett zu gehen, und dann ... ja, dann bin ich eben zu Bett gegangen. Aber abgesehen davon ... jetzt schaffen wir es niemals mehr!«

»Ich kann dir sagen, daß wir es schaffen, mein Freund! So billig kommst du mir nicht davon. Ich kenne bald alle deine kleinen, billigen Tricks. In die Klamotten ... und bitte ein bißchen schnell!«

Widerwillig griff ich nach dem weißen Manschetten-

»Anstatt immer über den lächerlichen Abwasch zu jammern, solltest du den Abwasch zu einem kreativen Hobby machen.«

hemd. Dann preßte ich die Hand hart an meine Seite und gab ein lautes Gebrüll von mir.

»Der Blinddarm!« jammerte ich. »Mein Appendix vermicularis! Es tut wahnsinnig weh . . .«

»Laß den Unsinn. Deinen Blinddarm hattest du schon nicht mehr, als wir uns kennenlernten. In fünf Minuten sitzt du unten im Auto . . . sonst ist es für alle Ewigkeiten vorbei mit deinen Bowlingabenden und den geheimnisvollen Sitzungen im Rotary-Club . . .«

Das waren harte Bedingungen. Minuten später gab ich bekannt, daß ich jetzt fertig sei.

»Du hast dich nicht rasiert.«

Ich faßte mir schnell ans Kinn.

»Das habe ich ganz vergessen. Mit diesen tagealten Bartstoppeln kann ich mich bei diesem erlesenen Publikum nicht sehen lassen. Was machen wir jetzt? Wollen wir nicht lieber ins Kino gehen?«

»Rein und den Bart ab . . . aber schnell!«

Zehn Minuten nach acht war ich fertig. Ich zog meinen Mantel an und ging zur Haustür, um sie zu öffnen.

»Sie läßt sich nicht öffnen«, sagte ich und rüttelte an der Tür. »Der Schlüssel ist abgebrochen! Wir haben nur den einen. Ade, Kammermusikabend!«

»Laß mich mal!«

Brutal schob sie mich weg, drehte den Schlüssel und öffnete die Tür. Ich schlich an ihr vorbei und in die Garage.

»Hast du die Karten?«

»Hm«, murmelte ich und blickte zur andern Seite.

»Dürfte ich sie vielleicht sehen? Wenn du glaubst, ohne die Karten hier wegkommen zu können, hast du dich gründlich geirrt. Zeig sie mir!«

Ich fischte die Karten aus der Brieftasche und zeigte

sie ihr. Sie war zufrieden. Ich setzte mich hinter das Lenkrad und drehte den Zündschlüssel. Swirrr ... swirr ... swirrr ...

»Er springt nicht an!«

»Zieh den Choke raus!«

Ich zog den Knopf heraus und versuchte es noch einmal.

»Du siehst es ja selbst ... er will immer noch nicht.«

»Du hast ja auch den Knopf für die Heckscheibenheizung herausgezogen. Jetzt erzähl mir bloß nicht, du hättest vergessen, wo der Choke sitzt. Es ist *dieser* Knopf! Ich zähle jetzt bis drei, und wenn der Motor bis dahin nicht läuft, dann kannst du im Rotary-Club, im Bowlingclub, im Jagdverein und was weiß ich noch alles kündigen ... denn dann ist damit ein für allemal Schluß. Das gilt auch für deine Fußballsonntage mit dem merkwürdigen Flaschengeklirre im Kofferraum!«

Schlag drei sprang der Motor an.

»Dann fahr aus der Garage.«

Ich saß wie versteinert und starrte mit leerem Blick vor mich hin.

»Ich kann nicht«, murmelte ich. »Es sind die Nerven! Mir zittern die Knie ... sieh doch mal. Das kommt daher, daß du immer so auf mir herumhackst, wenn wir ... aber das macht nichts, dann bleiben wir eben zu Hause und machen uns einen gemütlichen Abend am Kamin.«

»Eins ... zwei ...«

Ich ließ die Kupplung kommen und gab Gas. Bei drei hatte ich beide Hinterräder auf der Straße und die Kegelabende gerettet. Wir fuhren los.

»Nicht diesen Weg, du Dummkopf! Wir müssen in die Stadt. Du weißt genau, wo die Konzerthalle ist.«

Zehn Minuten später kamen wir an.

»Ist es vorbei?« fragte ich hoffnungsvoll einen uniformierten Kontrolleur am Eingang.

»Nein, es ist gerade Pause. Zeigen Sie mir bitte Ihre Karten.«

Ich zog meine Brieftasche hervor.

»Ich muß sie verloren haben«, murmelte ich.

»Quatsch!« fertigte Mariane mich ab. »Du hast sie mir doch eben noch gezeigt. Her damit.«

Sie zog mich ins Foyer. Gemeinsam mit dem Kontrolleur begann sie eine Leibesvisitation.

»Ja, zieht mich ruhig bis aufs Hemd aus«, sagte ich hochmütig. »Ihr könnt machen, was ihr wollt. Ich habe sie nicht.«

In einem unbewachten Augenblick im Auto hatte ich sie verschluckt. In meiner Brusttasche fand Mariane plötzlich zwei zerknüllte Zirkuskarten.

»Das sind nicht die richtigen«, sagte ich schnell. Der Kontrolleur schnappte sie mir weg, bevor ich sie vernichten konnte.

»Gehen Sie ruhig hinein«, sagte er. »Heute sind nicht viele gekommen.«

Morgen werde ich mich schriftlich über den Mann beschweren. Er kann doch nicht mit Zirkuskarten die Leute zur Kammermusik locken. So eine Schlamperei. Wäre es wenigstens umgekehrt gewesen!